これから人類社会が大きく変わるぞよ。

ドクタードルフィンが言う

みろくの世が起動する。

だからこそ、

ガイアを代表するわしが地球のエネルギーを

リードして、宇宙の要請を伝える。

人類の集合意識より植物の集合意識のほうが
断トツに強いというのは、
宇宙から言われていることです。

スギが変わると全ての植物が変わってくるので、
彼らが一体となったときには、
人類の集合意識は到底太刀打ちできません。

彼らと協同しなければならない。
彼らと敵対したら、
人類は地球から切り出されます。
敵対することはないでしょうが、
植物をもっと大事にするということです。

スギのように根を張る。
そこが地球人の課題だったので、
スギが見せてくれています。
神道でスギを使うのは、
そこに理由があるのです。

カバーデザイン　重原隆
編集協力　宮田速記
校正　麦秋アートセンター
本文仮名書体　文麗仮名（キャップス）

目次

Part1 地球全植物のコアとして屋久杉はスーパーガイアのエネルギーを体現する

Part2 屋久杉と花粉症、がん、難病をつくり出す仕組み

Part3 地球上で理解されないドクタードルフィンの望みは、宇宙遺産になること!?

Part4 日本がキー、日本の反社会勢力も書き換えさせていただきました

Part 1

地球全植物のコアとして屋久杉はスーパーガイアのエネルギーを体現する

魂がびっくりする本

この本は、地球の人類が見落としていたこと、気づいていなかったことを、ハッと取り戻させる本です。

まさに超気づきの本です。

誰も教えてこなかった、誰もフォーカスしてこなかったことを明らかにし、こんな事実があったのかと、魂をびっくりさせる本です。

今まで何も刺激を受けていなかった魂が、びっくりさせられることによって生まれ変わるのです。

今までのスピリチュアル系の分野には、宇宙の叡智《えいち》や高次元エネルギーにフォーカスした本がたくさんありました。

誰も教えてこなかった、
誰もフォーカスしてこなかったこと
を明らかにし、こんな事実があった
のかと、魂をびっくりさせる本です。

宇宙とつながりなさいとか、高次元とつながりなさい、進化しなさいというテーマばかりでした。

でも、地球という生命のエネルギーにフォーカスしたテーマは、実は少ないのです。あったとしても、地球ガイアのエネルギーは大切だから、地球の生き物を大切にしなさいとか、地球の生物たちを愛しなさいというぐらいで、なぜかを書いていなかったのです。

本書は、あなたがまさに地球に生まれてきて、地球に生きていることの奇跡を思い出させる本です。

私たちは、地球の生命たちに生かされている

今、皆さんが地球に生きられているのは何のおかげでしょうか。

本書は、
あなたがまさに地球に生まれてきて、地球に生きていることの奇跡を思い出させる本です。

もちろん宇宙の叡智、エネルギーとつながって、生かされているというのはそのとおりですが、それと同様に、もう一つ重要なことがあります。

それは地球の生命たちによって生かされているということです。

地球の生命たちは太陽を受けて、植物は光合成し、人間を初めとする動物は松果体《しょうかたい》が活性化して、ミトコンドリアも活性化して、植物が出した酸素を吸ってエネルギーとＡＴＰ（アデノシン三リン酸）をつくり出して、生かされています。

植物がつくった酸素を吸って、二酸化炭素を吐いて、それをまた植物が酸素にかえてくれる。

地球の水を飲んで、食べ物は地球によって与えられて生きている。

水も生命です。空気も生命なんです。

太陽も生命だし、もちろん植物とかプランクトン、昆虫、動物、人間、神のエネルギーも生きています。

もっと言うと、今回、この本に出てくる細菌（バクテリア）、ウィルス、カビも生命です。

それらによって、我々人類は生かされています。

人類以外も相思相愛で、お互いに生かし合っています。

そういうことを思い出す本、気づく本にしたいのです。

地球のガイアライン

今、私は「地球の生命」と言いました。

それは一言で言うとガイアのエネルギーです。

地球の生命をガイアといいます。

ガイアというのは集合体です。

一つの地球として、水を初めとするいろんな生命たちの集合体とか、地球の地殻とか、真ん中のマグマとか、空洞とか、そういうものを全部含めて、ガイアというのです。

ガイアのヘソには、そのエネルギーが全部集まってくる。

宇宙にブラックホールがあるように、地球にもブラックホールのようなものがあって、全てのエネルギーを吸い取って、また生まれ変わらせて、新しいエネルギーを吐き出すところがあるのです。

それがオーストラリアのエアーズロック（ウルル）です。

「地球のヘソ」というわけです。誰も言ったことがありませんが、私はこれを地球の「ブラック・アンド・ホワイトホール」と捉えています。

地球の「ガイアライン」というものがあります。

これも私がつくった言葉です。地球のヘソから、エネルギーのパワースポットにつながるラインです。

龍脈というのは、宇宙のエネルギーを流す「ユニバーサルライン」です。宇宙のエネルギーが地球に入って、それが地球上のいろいろなところを走ります。

龍脈は龍のエネルギーですから、涼しいエネルギーです。

地球のヘソであるエアーズロックから出るガイアエネルギーは、鳳凰《ほうおう》のエネルギー、生命エネルギーなので温かいのです。

地球の大もとのエネルギーは、地球のヘソであるエアーズロックにあって、そのエネルギーを噴《ふ》き出すスポットが、地球上のいろんなところにあります。

つまり、ガイアエネルギーが高いところで、それをボルテックスといいます。

アメリカのセドナは、ガイアエネルギーが噴き出す代表的なところです。

屋久島も、ガイアラインによる強力なボルテックスです。

地球のヘソであるエアーズロックから出るガイアエネルギーは、鳳凰のエネルギー、生命エネルギーなので温かいのです。

ガイアのエネルギーには、水とか、火とか、生命存在としての植物とか、プランクトン、昆虫、動物、人間、神がありますが、今、地球のエネルギーのキーを握っているのは植物です。

植物は、実は地球エネルギーに占めるボリュームが圧倒的に大きい。

文明は平野の一部で発達していますが、地球のほとんどは森林であって、植物です。

その植物が元気になることが、地球のエネルギーが高まるカギなんです。

そういうことで言うと、今、実は植物が弱ってしまっているということは確かです。

それは森林が伐採されて、面積が減っていることも一つですが、人間が知らないもっと大事なことがあったのです。

今回、それをドクタードルフィンが読み解きました。

今、地球のエネルギーのキーを握っているのは植物です。
植物は、実は地球エネルギーに占めるボリュームが圧倒的に大きい。
植物が元気になることが、地球のエネルギーが高まるカギなんです。

屋久杉に呼ばれる

私がどうして屋久島に呼ばれたかということは、屋久島に行くまではわからなかったのですが、いろいろなことがあって、わかりました。

結論から先に言うと、屋久杉です。

樹齢1000年以上のものを屋久杉といいます。

屋久杉の感情と体、両方の傷を癒《いや》して、本来の姿に戻して覚醒することが、今回、私が屋久島に行った役割だったのです。

屋久島から戻ってきたばかりで、この本を書かせていただくのは、絶妙なタイミングです。

私の魂とＤＮＡが最もホットな、旬なときにお伝えするので、最もいい

屋久杉の感情と体、両方の傷を癒やして、本来の姿に戻して覚醒することが、今回、私が屋久島に行った役割だったのです。

内容が出ると思います。

1週間たって書くのと、今書くのとは違います。

屋久杉とは何か。

もちろん、世界中にあるスギのうちの一つにすぎません。

スギは、寒過ぎてもダメ、暑過ぎてもダメで、世界中のある緯度の範囲、ちょうどいいところにしか生息しません。

日本の緯度でいうと、北端は北海道の南部、最南端は鹿児島の南にあるこの屋久島です。

屋久島より南に行くと、奄美大島とか沖縄ではスギを見ません。

スギは神木と言われています。

日本人は昔からよく知っていて、スギの木は何かほかの木とは違うエネルギーを持っていて、自分たちに大事なものを教えてくれる、伝えてくれるという感覚を持っていました。

だから、神社でもスギの木は大事にするわけです。

日本列島はスギの木に覆われています。

神の国と言われています。

私は、本来、屋久島に行く予定はありませんでした。

ことし（２０２０年）はギリシャにリトリートして、イギリスにリトリートして、東南アジアにもいろいろリトリートしようかなと思っていたぐらいですから、海外へフォーカスしていて、日本のリトリートは考えていなかったのですが、新型コロナウィルス騒ぎで海外に行けなくなってしまいました。

では、どこへ行こうかと考えたときに、最初に「奄美大島」というワードが降りてきたのですが、その後、「屋久島」というワードが降りてきたときに、言葉以上に強烈なエネルギーを感じました。

今、コロナ騒ぎで世の中が閉塞しているときに、私が行くことに世界を

スギは神木と言われています。
だから、神社でもスギの木は大事にするわけです。
日本列島はスギの木に覆われています。
神の国と言われています。

開くカギがあると感じたわけです。

それで、事務局に屋久島リトリートを要請しました。

何のために行くかも何も伝えていませんでしたが、私がやると言ったらやることになるので、事務局は屋久島ツアーをツーリストと掛け合いました。

ホテルは、sankara hotel & spa 屋久島を依頼しました。sankara hotel はリゾートホテルの中でも宿泊費が高くて、ここに4泊すると、参加費がすごく高くなるのです。

そこで、私が、3日間、朝晩に合宿スクールをするという提案をしました。そうしたら、参加費以上の価値が出ます。

行った日の夜にウェルカム講演会をして、次の日から3日間、モーニングスクール、イブニングスクールと、計7回の講演会を計画しました。

屋久島上陸、クロアゲハが大歓迎

そして、2020年7月29日（水曜日）に屋久島空港に降り立ちました。ドクタードルフィンは、今までも10回以上のリトリートをやってきましたが、そのときは必ず嵐か台風が来るのです。

しかも、3日ぐらい前まで天候がよかったはずなのに、急に予報が変わって台風が出現したり、一番ひどいのは直角に曲がって、私のほうに進路をわざわざ変えてきたこともありました。

偉業は地球では阻止されるものなので、悪役が私を阻止しようとしていたのです。

そういう人たちも、本当は自分たちの利益のために食い止めようとするわけですが、結局、私のリトリートは、できるようになります。

今回も台風が来るかなと思っていました。

ただ、この本と同時期に出すイルミナティとフリーメイソンの本に書いたように、私が彼らのトップの集合意識と交流して、穏やかに書き換えて、彼らが地球人類が宇宙の叡智とつながることを受け入れてくれたために、私のエネルギー開きを阻止する力が減ったわけです。

だから、台風は来ないだろうという思いもありました。

そうしたら、本当に台風は7月中に発生件数ゼロで、屋久島の天気予報を見たら全部晴れ、こんなことは初めてだ、奇跡だと思いました。

私たちが上陸する2日前に、屋久島は梅雨明けしたのです。

屋久島空港に着いて、バスに乗りました。

私は運転手のすぐ後ろに乗っていたのですが、クロアゲハが舞うようにバーッとバスの周りに飛んできて、私が座っている横に挨拶に来るのです。

それがホテルまで1時間乗る間に、30匹ぐらい連続で来ました。

それから5日間、屋久島にいる間に、３００匹は来たと思います。

クロアゲハを見ていない時間のほうが短い。

常に視野にはクロアゲハがいるような感じでした。

今まで本でも講演会でも言ってきましたが、スピリチュアルメッセンジャーというものがいます。

宇宙からのメッセンジャーです。

ホーホケキョのウグイスと、トンビと、クロアゲハは、世の中のためにエネルギー開きをするとか、人類と地球のエネルギーを進化させるために動く人のところに行って歓迎して、何かサポートしてくれるのです。

今回、屋久島で神社にも参ったのですが、私が参拝して祈り始めるとウグイスが鳴き始める。

また、毎朝、モーニングスクールをホテルのプールサイドでやっていたら、その間、毎回トンビが飛んでいました。

つまり、スピリチュアルメッセンジャーが私を歓迎していたのです。最初にホテルに行く前に、クロアゲハが30匹飛んできたので、私を待っていたんだなというのはすごく感じました。私が上陸するのを屋久島はずっと待っていた。

7000年待っていたのです。

これはエネルギーのグリッドで、しかるべき時にしかるべき人間があらわれるというように、地球に仕組まれていたのです。

宇宙の大もとのエネルギーによって、縄文杉が生まれた

屋久島が、ガイアラインによるエネルギースポットであるということは

スピリチュアルアニマルというもの
がいます。
宇宙からのメッセンンジャーです。
最初にホテルに行く前に、クロアゲ
ハが30匹飛んできたので、私を待
っていたんだなというのはすごく感
じました。
7000年待っていたのです。

sankara hotel でのモーニングスクール

わかりました。

約7000年前（紀元前5000年）、日本は縄文時代で、世界もまだ愛と調和で成り立つレムリア[※1]のエネルギーを引き継いでいた時代でした。

それが主流だったのです。

そのころにイヤな兆しが出てきました。

レムリア、縄文は女性性優位のエネルギーだから、愛と調和で、個の独立と融合だったのですが、その反対の個の喪失と統合、分離と破壊、つまり、アトランティス[※2]系のエネルギーが出始めたのが7000年前です。

そのころに、宇宙の大もとのエネルギーが、それはシリウス[※3]のエネルギ

※1　レムリア
地球に存在したとされる超古代の愛と調和のエネルギーに包まれた文明
※2　アトランティス
地球に存在したとされる超古代の知性とテクノロジーのエネルギーに包まれた文明

ーでもあるし、レムリアのエネルギーでもあるのですが、その変化を察知しました。

レムリアや縄文の女性性優位のエネルギーがアトランティスの男性性エネルギーに書き換えられる可能性が出てきたということで、また女性性を復活させるために、この世に生まれさせたのがスギなのです。

一番最初に地球にスギが生まれたのが7000年前です。シリウス、レムリアの意識エネルギーがどこに最初のスギを植えたらいいかというときに、屋久島を選びました。

屋久島は、エアーズロックの地球のヘソ系統、ガイアラインに乗っかるエネルギースポットであったと同時に、日本という国にあったからです。

宇宙の叡智、シリウス、レムリアは、時期が来たときに、日本の国が新

※3　シリウス

宇宙銀河系に存在する文明で、愛と調和のエネルギーに包まれた最も明るい恒星

女性性を復活させるために、この世に生まれさせたのがスギなのです。シリウス、レムリアのエネルギーがどこに最初のスギを植えたらいいかというときに、屋久島を選びました。

しい世の中を開いて、地球をリードするカギになるとわかっていたらしい。
おそらく『日月神示』もそう言っているでしょう。
そして、屋久島に最初に縄文杉が植えられました。
今、樹齢7000年です。

縄文杉の孤独

幹の横幅が、人間1人が両腕を開いたときの長さになっているのが千年杉です。
樹齢3000年の紀元杉になると、2人分の長さになります。
樹齢7000年の縄文杉は、3人が両腕を開いたときの長さになります。
縄文杉は7000の年輪があるわけですが、幹の幅はそれぐらいだから、

宇宙の叡智、シリウス、レムリアは、時期が来たときに、日本の国が新しい世の中を開いて、地球をリードするカギになるとわかっていたらしい。

年輪はすごく細かいのです。

屋久島は岩山です。

レムリアのエネルギーの大もとであるベトナム・ハロン湾の岩が、フィリピンを通り越して、台湾、沖縄経由で鹿児島の近くまで流れてきました。

そこが日本で唯一のエネルギースポットだったので、宇宙の大もとの意志は、そこにスギを植えました。

最初の数千年は、そのスギがずっと1本だけ立っていて、その後、徐々にやってきました。

土がないから普通は木は根づかないのですが、根が岩の上に生えたのです。

それぐらいの生命力です。

しかも、年輪も普通より細かい。

その間に油をため込んで、栄養がなくても、雨、風、嵐に打たれても生きてきた。

孤独だったのです。

岩山に1本だけの生命。

ほかに何の植物もいない。２番目に古い紀元杉は樹齢3000年で、4000年は縄文杉1本だけで過ごしたのです。

その生命力。

この地球で誰にも助けられず、誰にも必要とされず、誰にも愛されず、何の喜びも楽しみもなく、自分以外に思いをはせる対象もなく、雨、風、嵐に打たれて、死なずに生きてきました。

人間には決して理解できない「生きる力」、これがスーパーガイアのエネルギーです。

地球の生命エネルギーであるガイアの中でも飛び抜けた「生きる力」です。

最初の数千年は、そのスギがずっと
１本だけ立っていて、その後、徐々
にやってきました。
孤独だったのです。
岩山に１本だけの生命。
ほかに何の植物もいない。

人間には決して理解できない「生きる力」、これがスーパーガイアのエネルギーです。
地球の生命エネルギーであるガイアの中でも飛び抜けた「生きる力」です。

屋久島以外の日本列島には、ほかにも植物がいましたが、恵まれた環境に生きているから短命だし、人間に学ばせるような生命力はありませんでした。

スーパーガイアという圧倒的な地球の生命力を表現する屋久杉が、まず7000年前に誕生して、4000年生きたときに、ようやく2本目の紀元杉が宇宙に植えられて、あとは千年杉級のスギが何本も植えられて、今、ああいう林になっているわけです。

私が言いたいのは、誰にも見向きもされず、誰にも手入れされず、サポートされず、誰にも愛されず、何の楽しみもなく、何の対象もなく、雨、風、嵐の中で生きてきたことを一番感じてほしいのです。

屋久杉は、言葉を一言も言わず、存在だけでそれを学ばせるのです。

その力が何よりもすごい。

Part 2

屋久杉と花粉症、がん、難病をつくり出す仕組み

イルミナティ、フリーメイソンが、縄文杉のDNAを書き換えた

地球のいろんな生命たち、植物、プランクトン、昆虫、動物、人間たちは、知らず知らずのうちに縄文杉のスーパーガイアのエネルギーを直感で感じて、生きる力を与えられてきました。

私も力強く生きるんだと。

屋久杉が地球のガイアのエネルギーを統括していたのです。

イルミナティ、フリーメイソンを初めとする闇の結社は、それを知ってしまいました。

彼らは、自分たちの勢力のみがトップに君臨し、世界をコントロールす

屋久杉が地球のガイアのエネルギーを統括していたのです。
イルミナティ、フリーメイソンを初めとする闇の結社は、それを知ってしまいました。

ることが唯一の目的で、それはスーパートップだけが知っていることなのです。

このまま屋久杉が地球の生命たちを束ねて元気にしてしまうと、人間たちも地球の叡智を受けて、すごく生命力を持ちます。

生命力を持つということは根が生えることだから、すごい宇宙のエネルギーが降りられるようになるわけです。

すごい宇宙の叡智が降りるとき、根が張っていないとグラグラして破壊されてしまう。

地球の叡智とつながって、ちゃんと根が張っていると、高次元の宇宙の叡智とつながれるのです。

そうなると、彼らが人類をコントロールできなくなります。それでは困るということに気づいてしまったわけですね。

それが17世紀、人間が戦争を始めるころです。

このまま屋久杉が地球の生命たちを束ねて元気にしてしまうと、人間たちも地球の叡智を受けて、すごく生命力を持ちます。

そうなると、彼らが人類をコントロールできなくなります。

彼らは世の中に出していないけれども、１９９０年ごろには、実は科学界のスーパートップとか医学界のスーパートップと非常に親しい関係をつくっていました。

科学界のスーパートップも医学界のスーパートップも、表に出ない人間です。

我々の知らない存在です。

表に出てこない各界のトップたちが、私たちの知らないテクノロジーを持っています。

表に出てきて偉ぶっているのはその下の連中で、自分たちが悪いことをしているとは知らなくて、善人ぶっています。

真実を知らされていないので、大したテクノロジーはありません。

１９９０年ごろになると、地球の緯度何度、経度何度のどのスギを、という具合でターゲットにして、量子波で遺伝子を操作できるようになりま

医学界のスーパートップも科学界のスーパートップも、表に出ない人間です。
我々の知らない存在です。
私たちの知らないテクノロジーを持っています。

1990年ごろになると、地球の緯度何度、経度何度のどのスギを、という具合でターゲットにして、量子波で遺伝子を操作できるようになりました。

した。

地球の裏側にいても、緯度何度、経度何度にいる誰々の心臓を止めることができるのと同じです。

そこで、屋久杉に焦点を合わせて、細胞の遺伝子、DNAを操作する。

女性性で、愛と調和、個の独立と融合のエネルギーだったものを、一気に書き換えたのです。

レムリアの女性性エネルギーでできていたスギを、アトランティスの男性性エネルギーに書き換えたわけです。

見た目は変わらないのですが、遺伝子は全部変わって、性質が変わった。

愛と調和から、分離と破壊になってしまった。

個の喪失と力ずくの統合の時代です。

縄文杉に焦点を合わせて、植物の細胞の遺伝子、DNAを操作する。

レムリアの女性性エネルギーでできていたスギを、アトランティスの男性性エネルギーに書き換えたわけです。

花粉がウィルス化する

スギは、もともと女性性でした。

でも、1990年ごろから男性性に変わってしまった。

男性性のアトランティスのエネルギーが乗ってしまったからで、戦争を引き起こすエネルギーです。

レムリアのエネルギーで花粉ができているときは、人体が受けても、どちらかというと春うららで、気分がほのぼのするぐらいのエネルギーだったのです。

花粉症なんてなかったし、「花粉症」という言葉もありませんでした。

それが急に花粉症、花粉症と言い出して、製薬業者が薬をつくって儲けたわけです。

花粉症は、細胞に入るまでの血管中で起こる免疫反応ですが、花粉症だけならまだしも、血管を通り越して細胞まで行って、細胞の核にあるDNAに入る。

この花粉がウィルス化するという理論は、私が世界で初めて言うことです。

花粉がウィルス化すると、自由自在に形を変えられることになります。

体の中で花粉がウィルス化すると、DNAに入って、遺伝子を書き換えてがん細胞化させる。

もしくは神経細胞に入ると、神経細胞を書き換えて、治療法がない難病をつくります。

これは、将来、宇宙からノーベル賞をもらえるような話です。

今、がんの根本的な治療法はないと言えます。

花粉症は、細胞に入るまでの血管中で起こる反応ですが、血管を通り越して細胞まで行って、細胞の核に入ってDNAに入る。

この花粉がウィルス化するという理論は、私が世界で初めて言う理論です。

花粉がウィルス化すると、ウィルスは自由自在に形を変えられることになります。
DNAに入って、遺伝子を書き換えてがん細胞化させる。
もしくは神経細胞を書き換えて、治療法がない難病をつくります。

原因がわからないから、治療法もないわけですが、私は治療法も考えました。

もともとあった花粉がウィルス化して、細胞に入って、細胞の核のDNAを書き換えて、がん細胞化、難病化させるということであれば、もともと入った花粉とかウィルスを愛と感謝に書き換えて、中に入れ込んだら、修復するかもしれません。

ウィルスがウィルスを治すという可能性が出てきます。画期的な理論です。

花粉症が起こった原理はそこにあって、製薬業界、医療業界を大儲けさせ、もう一つは、人間を無力化しました。

また、集中できなくさせることによって、人間を混乱させました。

あるいは、難病をつくる。がんをつくる。

人間の人口をコントロールすることにもなります。

親が動けなくなると介護がふえて、人間の自由度を削ぐことになりました。

病気は怖い、死は怖いと思わせ、医者は絶対必要だ、病院が必要だ。医学が必要だと思わせるのにも格好の手段でした。

1990年ごろ、闇の勢力によって、「屋久杉の大異変」が起こされました。

これは歴史の教科書に書いておいてほしい。

それから約30年間、その状態がずっと続き、みんなが花粉症で苦しみましたが、いよいよ救済の日が来るわけです。

屋久杉は私を待っていた

私はどうして屋久杉に呼ばれたのでしょうか。

クロアゲハがいっぱい寄ってきて、トンビが上空を飛んで、ウグイスが鳴いて、私を大歓迎してくれました。

屋久杉は、私を７０００年待った魂の恋人でした。

こんなに長く私を待っていたのです。

男性性にされてしまった屋久杉は、もとの女性性に戻りたかったのですが、闇の勢力に書き換えられてしまったものをもとに戻して、さらに覚醒させる能力を持っている人間がいませんでした。

私にはその能力があったので、屋久島に行かされたのです。

屋久杉は、私を7000年待った魂の恋人でした。
こんなに長く私を待っていたのです。
男性性にされてしまった屋久杉は、もとの女性性に戻りたかったのです。

ドクタードルフィンは生まれたときは未熟児で、生後1週間しか生きないと言われていました。

その影響もあってか、肺活量が少ないものですから、屋久杉に会う屋久島のトレッキングは厳しいかなと思っていました。

でも、宮城県の金華山、呼ばれた人しか行けないという金華山に、私は3年連続で行かせてもらっていました。

登山も成功しておカネの神様を喜ばせ、おカネにいいエネルギーを乗せてきています。

とくに3回目は厳しかった。

10回以上転んだし、20回以上くじけそうになって、もうやめたいと思いました。

体中傷ついて、ヒルにかまれて血を吸われました。

片道1時間半の岩場だらけの登山で20回ぐらい休憩しました。

本当に息が切れて死にそうでした。

それをやってきたのがちょうど1カ月前です。

屋久島はもっと大変かと思って、私は縄文杉まで行かずに、2時間ぐらい歩く普通のトレッキングコースにしました。

私たちが行くコースの中では千年杉が一番大きくて、樹齢は千年プラスアルファです。

そのスギを代表として癒やして、覚醒させて、縄文杉を含めた屋久杉全部を開こうという計画を立てました。

当日は雨も降らずに、ちょうどいい曇りの天気でした。

山道も結構ありましたが、そのときは1回も休憩なしに、ガイドさんの後ろについていきました。

後ろのみんなを引き離して、「先生、速い」と驚かれました。

息もそんなに切れなかった。

屋久杉を覚醒させるドクタードルフィン

それは千年杉を開いた直後だったので、スーパーガイアのエネルギーが私をワーッとサポートして、歩かせたのだと思います。

あんなに楽に歩けたのは初めてでした。

屋久杉を女性性に書き換える

毎日行った朝晩のスクールでは、参加した方々にこういうお話をしました。

屋久杉は男性性に書き換えられて、本来の自分ではない自分になってしまって、心を病んでいる。

島民たちにもがんをつくらせてしまって、罪悪感と、悲しみと、悔しさと、書き換えた者への怒りで傷ついていて、私を何千年も待っていたのです。

樹齢何千年でも修復力はあるのですが、傷ついて修復力は落ち、体も心もちょっと弱っていました。

何といっても男性性になっていたので穏やかさがなくて、分離と破壊のエネルギーになっていた。

女性としての母性本能もなくなっていたから、木が持つ本来のいたわりの気持ちもなくなっていて、雑な、荒いスギになっていたのです。

そこで私は、千年杉の前に行って、

「今までつらかったですね。でも、スギであるあなたたちのおかげで、人類を初めとする地球のいろんな生命たちが今まで頑張ってこられたのは確かです。

ただ、1990年ごろになって、本来のあなたでない姿にさせられてしまったので、今までの自負心とか、プライドとかが全部ズタズタにされて大変でしたね。

よく耐えてくださいましたね。

ただ、それも本当のあなたを取り戻すために必要だったのかもしれない。あなたが今まで気づいていなかった自分に気づくために、そういう傷つく痛い思いをする必要もあったのかもしれません」

と語りかけました。

そして、

「今から傷を癒やして、あなたを開かせていただくので、本来の姿になって、さらに人類を初めとする地球上の生命たちをサポートしてください」

とお願いして、動画と写真を撮って、祈った後、私はDNAを書き換えました。

そこは標高1000メートルぐらいの高さで、日陰ですごく涼しかったのですが、「開きました」と言った瞬間、フワーッと暖かくなった。

私はDNAを書き換えました。
その瞬間が、2020年7月31日午前10時半です。
千年杉を代表に、屋久杉たちが全部女性性に切りかわった瞬間です。

男性性の涼しい空気が、一気に女性性の暖かさに変わって、汗をかくぐらい暑くなってしまったのです。

「女性性になったね」と言うと、みんなも暖かいと感じたようです。

それがちょうど1分ぐらい続いて、私が
「今、女性性に切りかえたので、スギたちがさらに大地に根を張りました。根が張った分、さらに高い宇宙の叡智エネルギーを降ろして、スギたちをサポートしてくれます」

と言ったら、一気に涼しくなりました。

宇宙の叡智エネルギーは、涼しいのです。

本当にすぐに感じます。

その後、ずっと涼しかった。

その瞬間が、2020年7月31日午前10時半です。

千年杉を代表に、縄文杉を含む屋久杉たちが全部女性性に切りかわった今は日本全土のスギが書き換わっていますし、きょう（8月3日）ぐらいには、たぶん地球上のスギが全部書き換わっています。

瞬間です。

その後、ホテルに帰って、お風呂に入ってテレビをつけたら、テレビの地上波が全部つかなくなっていました。

次の朝もつかなくて、昼ぐらいからつき始めました。

ということは、本州の電波源の波動、スギの波動と、屋久島のスギの波動の違いがあったのです。

屋久島だけ次元がバーンと上がってしまって、本州は次の日の朝までついてこられなかった。

時間差があって、次の日の昼になって、本州のスギが書き換わったわけです。

今は日本全土のスギが書き換わっていますし、きょう（8月3日）ぐらいには、たぶん地球上のスギが全部書き換わっています。

杉を開いた次の日に、大きなガジュマルの木のＤＮＡに「あなたは女性

ヒノキも男性性に書き換えられてい
たのですが、スギが変わったから、
ヒノキも今、女性性に変わりました。
これで花粉症が一気に減ります。

性ですか」と聞いてみたら、女性性がより強くなっていました。

スギだけでなく、他の木たちの女性性も強化されていることがわかりました。

ヒノキは、アメリカの大手製薬会社がそのDNAを書き換えたようで、スギの4~5年後にヒノキの花粉症が出てきました。

ヒノキも男性性に書き換えられていたのですが、スギが変わったから、ヒノキも一緒に、女性性に変わりました。

これで花粉症が一気に減ります。

屋久島を初めとして、世界中のがんも減ってくるでしょう。もしくは、減らなくても、症状を出さずに穏やかになります。だから、がんの検診はしないほうがいい。また、難病も減ってくるでしょう。

私が屋久島にいる間、クロアゲハがいっぱい飛んでいて、300匹ぐらいに会ったのですが、いつも止まってじっとしてくれなかったのです。で

イルミナティ、フリーメイソンを書き換えていないと、これは起こりませんでした。だから、このタイミングなのです。

イルミナティ、フリーメイソンがスギに仕込んだのです。

も、私が千年杉のトレッキングコースを歩いて、小川に休憩に降り立ったときにあらわれたクロアゲハは、じっとして私を待ち構えていてくれて、しかも、ものすごく大きくて、きれいでした。

その後、このクロアゲハが私の前をずっと飛んで、離れようとしないのです。

そして、目の前に止まって、優雅な姿をずっと見せてくれました。

私は、これは屋久杉が癒やされて、開いたことを喜んでいるというサインだと思いました。

イルミナティ、フリーメイソンを書き換えていないと、これは起こりませんでした。だから、このタイミングなのです。だから、感動的なのです。

イルミナティ、フリーメイソンがスギに仕込んだのです。

アトピーとか喘息も、スギ花粉の書き換えと関係があります。

私がスギ花粉を書き換えたということは、アトピーも減ってくるし、喘

ドクタードルフィンのそばをずっと飛んでいたクロアゲハ

アトピーとか喘息も、スギ花粉の書き換えと関係があります。

私がスギ花粉を書き換えたということは、アトピーも減ってくるし、喘息も減ってくるでしょう。

息も減ってくるでしょう。

スギだけでなく、スギを書き換えたことでほかの花粉もエネルギーが穏やかになります。

スギはスーパーガイアのドンだから、全ての植物が変わってきます。

倒れるもの、生まれるもの

トレッキングを誘導してくれる旅行ガイドの若いお兄ちゃんがいました。

「先生の話を聞いて屋久杉の勉強をします」と言ったのですが、彼らは3次元の人間だから、私の話には、次元があまりにも違い過ぎてついてこられない。

あっけらかんとしていました。

しかし、歩いている途中で一つだけいいことを言いました。

スギの倒木がいっぱいありました。

「こんな巨木の倒木をそのまま放っておくんだね」と私が言ったら、こちらの自然保護に関係する人たちは、できるだけ自然のまま残すという約束をしているそうです。

ただ、トレッキング通路にある場合はどけたり、切ったりする。

そのときにぼそっと、「先生、これは倒れてくれるからこそ新たに光が入る場所ができて、新たな命が芽生えるんです」と言ったので、「おまえ、初めていいことを言ったな」と、お尻をたたいてやったのです。

これは本当にそのとおりで、人間と同じです。

何かがなくなるから、そこに光が入って新たなものが生まれる。

会社が倒産したり、人が病気になったりするからこそ、今まで見えなかった光が注いで、そこに余地が出てくるわけです。

滅びるものを無理に助けるより、滅びるものは自然に滅びる必要があるのです。
政府が無理やり助けることはありません。
延命治療もダメです。

大自然のスギが教えてくれているのです。

滅びるものを無理に助けるより、滅びるものは自然に滅びる必要があるのです。

政府が無理やり助けることはありません。

苦しいだけの延命治療もダメです。

おカネのない人を無理やり助けるのもダメです。

みんなを同じにしようというのが間違いであって、役割が違います。

みろくの世に入ると、必要なことをやっている人の会社は潰れません。

みろくの世に必要ないと判断される人たちが潰れていきます。それはそれで仕方がないということをスギは物語っています。

私が屋久杉で本当に訴えたいのは、何があっても動じずに、栄養素もサポートもない岩の上に根を張って生きる力です。

今、人間が最も見失っているものだと思います。

みろくの世に入ると、必要なことをやっている人の会社は潰れません。みろくの世に必要ないと判断される人たちが潰れていきます。

Part 3

地球上で理解されないドクタードルフィンの望みは、宇宙遺産になること!?

屋久島の見どころ

屋久島で最初に行ったのは、龍神の滝です。

屋久島は水であふれているので、龍神様も結構います。

岩とかスギのガイアのエネルギーは、鳳凰のエネルギーです。

龍と鳳凰がいるということです。


次に行ったのは、千尋《せんぴろ》の滝です。

宮崎駿監督がこの千尋の滝を訪れたときに、次の映画（「千と千尋の神隠し」）の主人公の名前を「千尋《ちひろ》」にしようと思いついた場所で、まさにあの空気感が広がっています。

自然の巨大な一枚岩を流れている滝です。

まさに水と火、宇宙と地球の融合です。

水は宇宙で、岩は地球です。

生命を感じるところです。

私は、「千と千尋の神隠し」の映画が大好きで、すごく大事なエネルギーを物語っていると思います。

それが生まれる素材を持っているのが屋久島です。


次に、クリスタル岬というところに行きました。

もともとは海辺の早崎鉱山跡ですが、クリスタル岬というニックネームで呼ばれています。昔はタングステンを掘り出していたところで、採掘された石の中に水晶が混じっていました。

今は掘るのをやめていますが、観光客で水晶を掘っている人がたまにいるみたいです。

保護のために、もうすぐ立ち入り禁止になるらしい。

龍神の滝

千尋の滝

岩の下に水晶が眠っているクリスタル岬

そこで撮ったのが、この神秘的な異次元の写真です（89ページ）。
太陽もすごい色です。
ここがゼロポイントで、トーラスみたいなエネルギーです。
水晶というのは、やっぱりそれだけすごいのです。
私の左手が消えかかっています。
ほとんど手がなくなっています。

これが樹齢3000年の紀元杉です（92ページ上）。

このガジュマルもすごいなと思いました（92ページ下）。
自然の生命力です。

大川《おおこ》の滝もすごいエネルギーです（93ページ上）。滝で私が祈っていると、ここに光のリング、虹が出ているのです。これは異次元の出入り口です。

私が開いた直後にこれが出たということは、屋久島が異次元に入ったというサインです。

私がアマビエになって、ホテルのプールに飛び込んだときの写真です(93ページ下)。体を張っています。

プールに逃げ込んだカッパを退治しに行ったのです。

屋久島のカブトムシと軽井沢のカブトムシ

屋久島には、昆虫たちがいっぱいいます。

樹齢3000年の紀元杉

ガジュマルの巨木

大川の滝の上に出現したシャイニングホワイトのライオンズゲート

アマビエに扮したドクタードルフィン

決して土が多いわけではない。

餌《えさ》がいっぱいあるわけでもないのに、昆虫がいっぱいいます。

光に飛んできます。

私が一番感動したのは、カブトムシです。

オスのカブトムシの角が短いのです。

軽井沢のカブトムシは小さいのです。

あまり栄養がとれないし、冬が寒過ぎるから小さい。

屋久島は暖かいから大きな角があるのかと思ったら、ヤクシマカブトムシも角が小さいのです。

屋久島は花崗岩が隆起してできた島で、幼虫の餌になる腐葉土が少ないから、こうなっている。

屋久島は決して生きやすい環境ではないことがわかりました。

私は軽井沢のある場所で、カブトムシ小屋を業者につくらせて、6年間、繁殖してきました。

最初はオスとメスを何十匹と入れて、交配させて、卵を産ませたのですが、冬が寒くて越せないのです。

次に、卵から入れて幼虫にして、羽化させようとしてもダメでした。

それを何回もやって、普通だったら寒いからダメかなと諦めるのですが、マットをかえたり、土にチップを入れたりして、ことし6年目で、オスだけで30匹ぐらい羽化しました。

私は何十個の卵と何十匹の幼虫を入れておいたので、土の中にいるメスを含めて、60匹ぐらい羽化したと思います。

「奇跡のリンゴ」の木村さんではないですが、諦めないことが大事だなと思いました。

標高の高い場所だから、無理だろうと言われていました。

軽井沢でも普通は雪が解けるのですが、その辺りだけは積もったままで

カブトムシ（オス）

コクワガタ（オス）

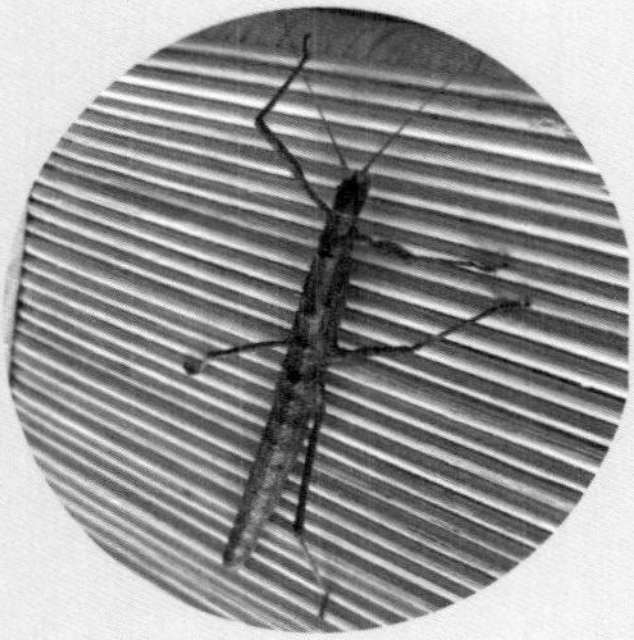

ナナフシ

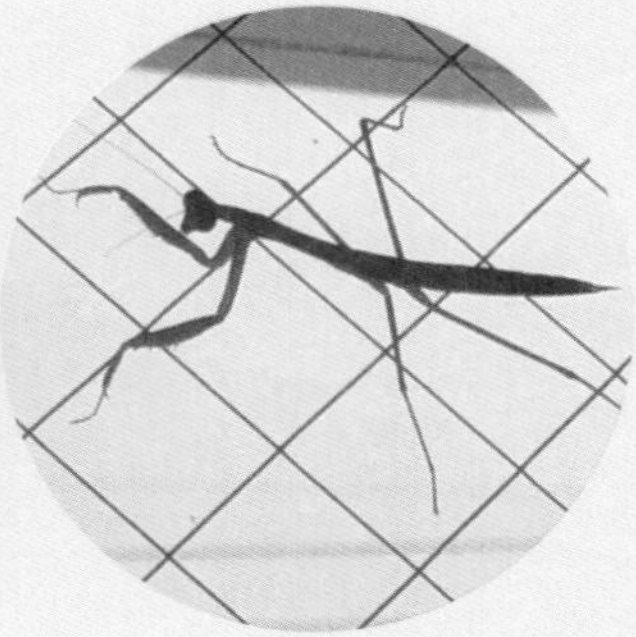

カマキリ

屋久島の昆虫たち

す。

毎年毎年世話をして、軽井沢にいると、朝から晩までカブトムシのことしか考えていません。

そして、屋久杉を開く日の朝、管理会社から羽化したという連絡が来て、すごく感動しました。

新しい生命が生まれる。これはいい兆しです。

しかも、軽井沢の冬の厳しさ、屋久島の土がない岩の上の厳しさ。環境の厳しさの種類は違うけれども、ガイアのエネルギーは諦めない。持続する。

スギは何の楽しみもないのに、じっと耐えて生きています。

軽井沢のカブトムシ小屋にはタヌキなどの天敵はこないし、私はカブトムシは幸せだと思うのですが、家族からは、ムダなことばかりやっていて何が楽しいの、こんなかわいそうなことをしてと、悪者扱いです。

ちょっと前まではサナギだったのですが、それを掘って埋めてあげて、ついに羽化しました。

かわいくてしようがない。

生まれた喜びはとても大きいのです。

私は宇宙遺産になりたい

屋久島は世界遺産になりました。

ただ、私が行ってわかったのは、屋久島全部が世界遺産というわけではなくて、屋久杉の生える屋久島の中の一部が世界遺産なのです。

それはどういうふうに区切られたかというと、人工的に手をつけられたか、つけられていないかで、伐採、植樹されているところは世界遺産から省かれたのです。

まさに自然にできたそのままの姿で残っているものが、世界遺産です。人の手が加わっているところより、加わっていないところのほうが、地球の生命力そのものなのです。

私は今回のリトリートの中で一部の屋久杉を開きました。スギたちは共鳴しているので、樹齢何千年の全ての屋久杉が同時に開きました。世界遺産である屋久杉も開いているので、「世界遺産の屋久杉」という表現をしています。

この本のタイトルは「世界遺産屋久杉と宇宙遺産ドクタードルフィン」です。

それも遊びで言っているのですが、私はもう地球で認められるレベルではないのです。

地球では何者かわからない。

私は今回のリトリートの中で一部の屋久杉を開きました。スギたちは共鳴しているので、樹齢何千年の全ての屋久杉が同時に開きました。世界遺産である屋久杉も開いている。

私のことを理解できる人、受け入れられるレベルの人はほとんどいないので、地球で認められることにはあまり興味がありません。

それだったら宇宙連合でも宇宙評議会でもいいですけれども、宇宙の社会で認められたい。

この宇宙の中にドクタードルフィンが存在していたんだ、地球にいて、宇宙の歴史にこういうことを残したんだと言われるのが、私の夢というか望みでもあるのです。

だから、あえて宇宙遺産になりたいと言っています。

私はもう地球で認められるレベルではないのです。
地球では何者かわからない。
私のことを理解できる人、受け入れられるレベルの人はほとんどいない。

Part 4

日本がキー、日本の反社会勢力も書き換えさせていただきました

日本の反社会勢力のトップグループを開く

この前、イルミナティとフリーメイソンの本を出版したばかりです。

イルミナティとフリーメイソンを開くか開かないかで、人類と地球が向かう方向性、行く先が全く変わっていたわけです。

もし私が、彼らの集合意識にコミュニケーションして同意させ、彼らを書き換えて、彼らが穏やかに変化することがなければ、彼らのスーパートップの思惑どおり、人類と地球が完全に彼らの手の内に入って、人口削減は当然ですが、治らない病気がふえていくことになっていました。

そして、薬をどんどん出します。

薬を飲めば症状が少しおさまるような花粉症とか、アトピーとか、喘息

イルミナティとフリーメイソンを開くか開かないかで、人類と地球が向かう方向性、行く先が全く変わっていたわけです。

のような病気がさらに広がって、さらに厄介なものになっていったでしょう。

さらに病気がふえて、人類は死と病気を怖がるという部分が増加したと考えられます。

また、人生は自分の思いどおりにはならない、一人一人の人間はいかに無力かということをさらに思い知らされて、政府とか組織に頼らなければダメだという世界がどんどんつくられていったわけです。

これがコロナのふるい分けによって、私たち地球人類の集合意識が共有する代表的なパラレルが、どっちに転ぶかということだったのです。

だから、フリーメイソン、イルミナティの書き換えは、私たちが今、乗っかっているパラレルが、一部のスーパートップでない、私たちの手に委ねられる世界に乗ったということです。

これは、人類が知っておくべきことです。

私たちは、もうコントロールされなくていい世界に乗っているんだという自覚が必要です。

私たちは、もうコントロールされなくていい世界に乗っているんだという自覚が必要です。

イルミナティ、フリーメイソンは、金融とか、経済とか、医療とか、教育とか、自然環境をコントロールすることで人類を治めてきました。

日本の反社会勢力のトップグループたちは、イルミナティ、フリーメイソンとタイプが違うにせよ、闇の世界を牛耳ることで、闇の世界から表の世界を動かす力を持っているわけです。

これは表に出てこないから非常に厄介で、人類が本来の能力を発揮するのを非常に妨げていました。

ただ、彼らを潰すとなるとエネルギーは必ず反作用するので、みろくの世の方向に行かないのです。

いつも言うように、イルミナティ、フリーメイソンと同じで、彼らは彼らの役割なのです。

日本の反社会勢力のトップグループたちは、闇の世界を牛耳ることで、闇の世界から表の世界を動かす力を持っているわけです。

彼らを潰すとなるとエネルギーは必ず反作用するので、みろくの世の方向に行かないのです。

いつも言うように、イルミナティ、フリーメイソンと同じで、彼らは彼らの役割なのです。

きのうは8月18日でした。

818の1は、閉まった扉のことで、これを両開きするという日です。

私は88次元です。

きのう、今、彼らにコンタクトしなければいけないという思いが突然降りてきて、彼らとコンタクトしました。

今、私たち人間一人一人が自分の能力に目覚めて、自由に生きる能力を獲得することが、みろくの世に必然の課題になっているわけです。

それに対して、彼らは今まで反対の立場をとっていたわけですけれども、何とかそれに協力してもらう。

彼らの生きる世界を崩すわけでなく、彼らの収入源の形とか存在意義は変わりますが、闇と違う形で彼らが活躍できるようになってもらいたいという念を込めて、私は彼らの集合意識にコンタクトしました。

「お役目ご苦労さまです。

ただ、今のままだと人類の能力が抑圧されたまま行ってしまう。

いよいよ人類が自分の本当の姿になるときが来たので、一人一人が本来の姿になれるようにお力添えを」

とコンタクトしたのです。

彼らは、最初はぐっと抵抗しました。

とくに一部のグループが抵抗した。

ただ、最終的には彼らはすっと軽いエネルギーになって、承諾したのです。私が働きかけて、彼らを書き換えさせていただきました。

これは非常に大きなことでした。

今回、屋久杉を開いて、地球のスーパーガイアを開いたということで、まさに人間に地から地球の叡智が入って、天から宇宙の叡智が舞い降りる土台ができてきたわけです。

そこで反社会勢力が人類の本来の能力を抑えつけていると、せっかく上からと下からのエネルギーが来ていても、ハートが閉じてしまうのです。自分のハートが開かないと、宇宙の叡智と地球の叡智を真ん中でお互いに通し合えないのです。

フリーメイソン、イルミナティも同じです。

そこを開くということで、日本がキーであると私は言ってきました。

その日本を牛耳っているのは、イルミナティ、フリーメイソンのみならず、反社会勢力です。そこも開く必要があったということが、きのう、わかったのです。きのうまでは、私はそこを全く意識していませんでした。

日本がキーであると私は言ってきました。

その日本を牛耳っているのは、イルミナティ、フリーメイソンのみならず、反社会勢力です。そこも開く必要があった。

Part 5

屋久杉が目覚めて、花粉も気象もやさしくなった!?

重力を浴びる能力

１９９０年にイルミナティ、フリーメイソンのスーパートップが屋久杉の花粉のＤＮＡを操作し、女性性を男性性に書き換えて、レムリア系からアトランティスの分離・破壊のエネルギーに書き換えたという話は、本書でも述べたとおりです。

そして、花粉症が起きました。

花粉症だけでなく、いろんなアレルギー疾患、アトピー、喘息は、あの時代から一気に悪化しているのです。

ヒノキ花粉に関しては、アメリカの大製薬会社が操作しました。

皆さん、よく見てください。

7月は台風発生がゼロでした。
8月1日に東シナ海に発生しました。
普通だと日本に向かってきますが、日本をよけていきました。
きょうは8月19日、もう8月も終わりますが、日本に接近した台風はゼロです。

実は、この後発生した台風9号は東シナ海から日本列島に上陸しそうな進路が、屋久島の地点で、急に方向転換して、さらにその後発生した巨大台風10号は、太平洋を北上し、日本列島の東海・関東地方に上陸しそうな進路が、日本列島を避け西に進み、屋久島の地点で急に力が衰退しました。
その後の台風12号、台風14号も同様に、メディアの予測に反して、日本列島から大きく逸れました。

こんな年がありましたか。皆さんはあまりにもコロナに意識が行き過ぎて、こういう不思議な現象に気づいていないのです。

花粉症に誰も苦しんでいない。マスクをしていたら、鼻水がめちゃめちゃ出て、本当に息苦しくて大変なのに、すがすがしい顔をしています。

誰も鼻をかんでいません。

3月、4月、5月にこんなことはあり得ませんでした。

どうして花粉症が減ったのでしょうか。

もちろん、コロナ騒ぎを起こすために、コロナのほうにエネルギーを注いだので、スギの操作にイルミナティとフリーメイソンの意識エネルギーが向かわなかったということが一つです。

もう一つは、私がイルミナティ、フリーメイソンを書き換えたので、彼らが人類をおとしめることをしなくなったのです。

この2つで、花粉症が減ったのです。

では、どうして台風が減ったのでしょうか。これが大事です。
スギが生えているのは、屋久島が一番南です。
それより南にはスギはありません。
だから、あの辺で気圧が変化するのです。
屋久杉はもともと女性性でした。
屋久杉はレムリアの愛と調和のエネルギーを持っていました。
レムリア時代ほど、人類が、地球のエネルギーとうまくいっていたときはないのです。
つまり、地球のガイアのエネルギーのサポートをすごく受けていたときはないのです。
地球の叡智とつながっていた。
言い方を変えれば、重力が最も強く働いていたのです。
これは誰も言っていないことです。

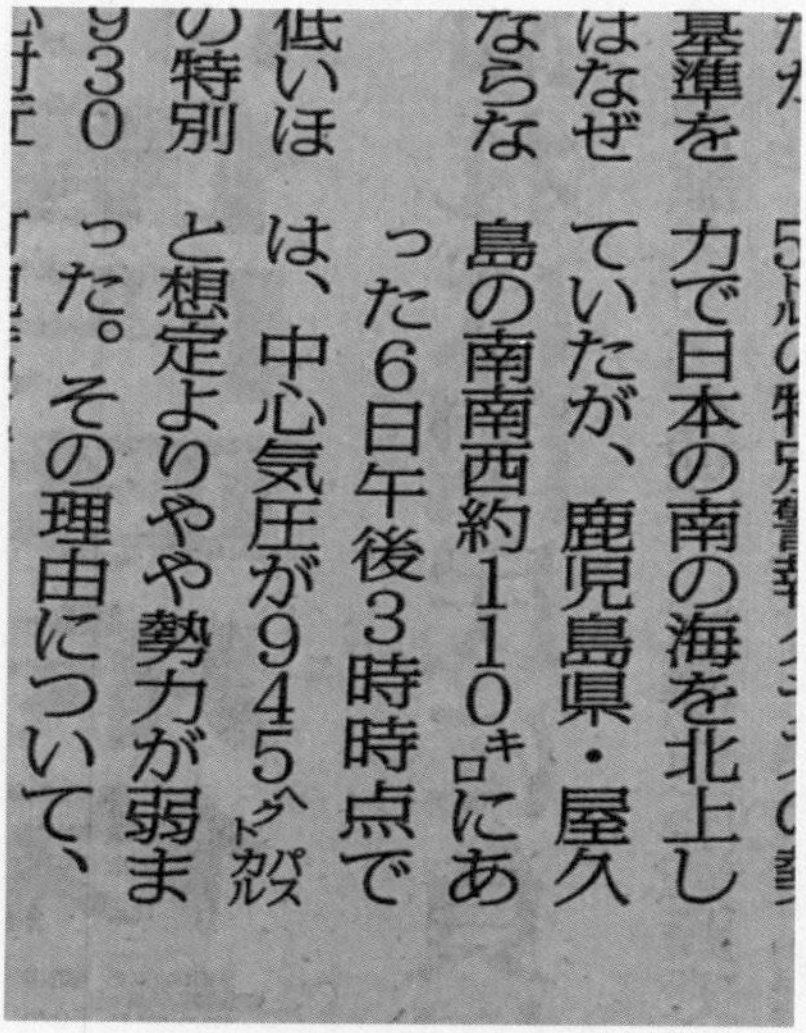

基準を
はなぜ
ならな
低いほ
の特別
930

力で日本の南の海を北上し
ていたが、鹿児島県・屋久
島の南南西約110キロにあ
った6日午後3時時点で
は、中心気圧が945ヘクトパスカル
と想定よりやや勢力が弱ま
った。その理由について、

毎日新聞の台風９号の朝刊記事

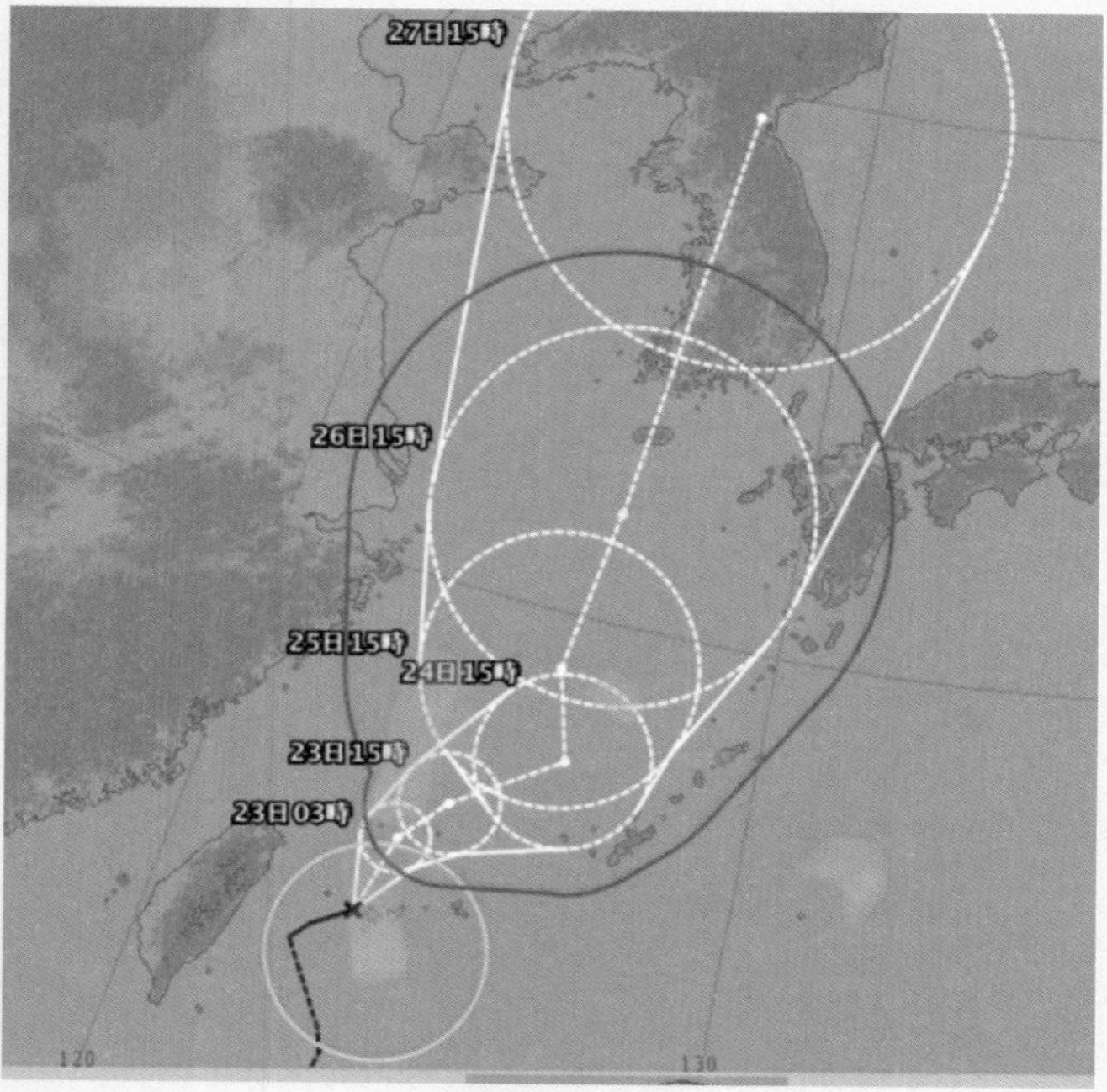

台風９号の進路図

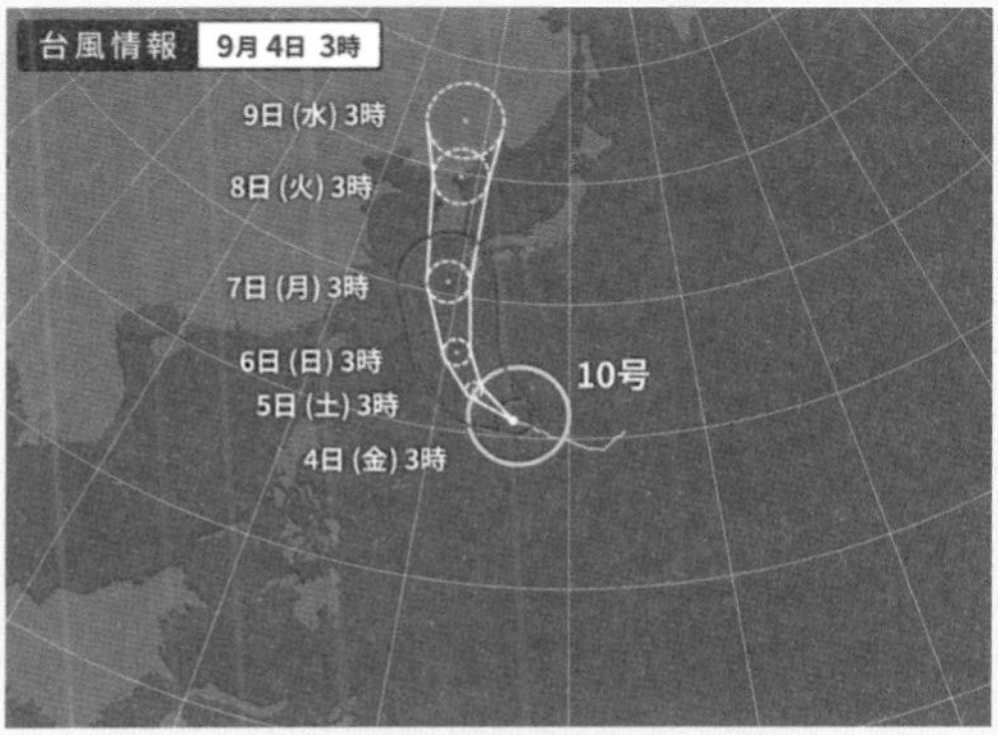

台風10号の進路図

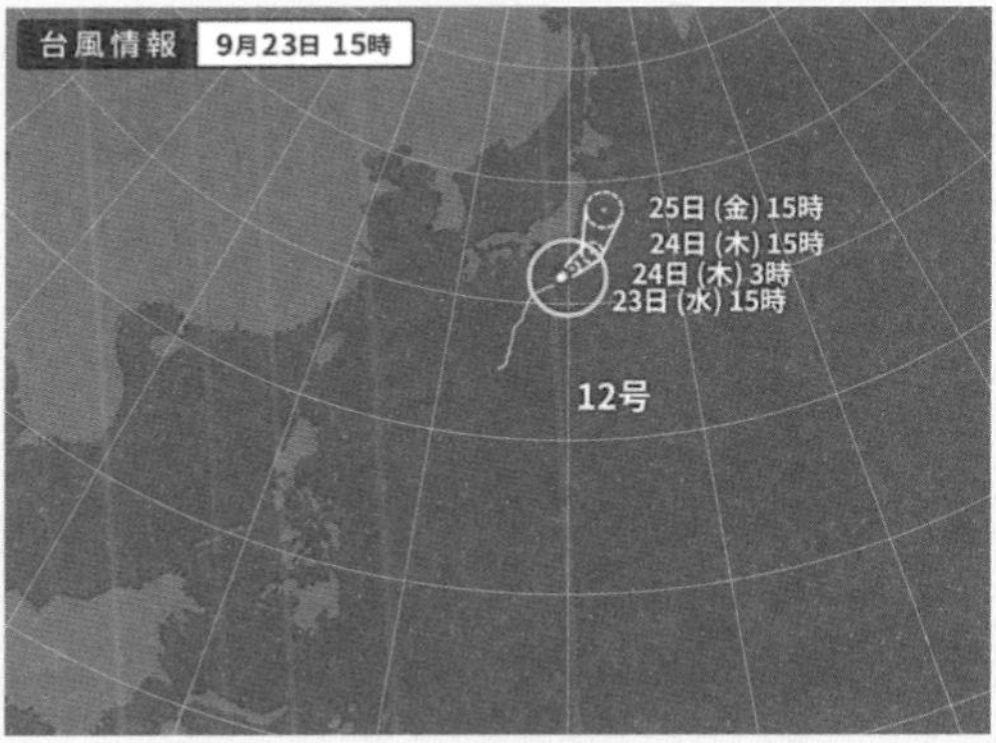

台風12号の進路図

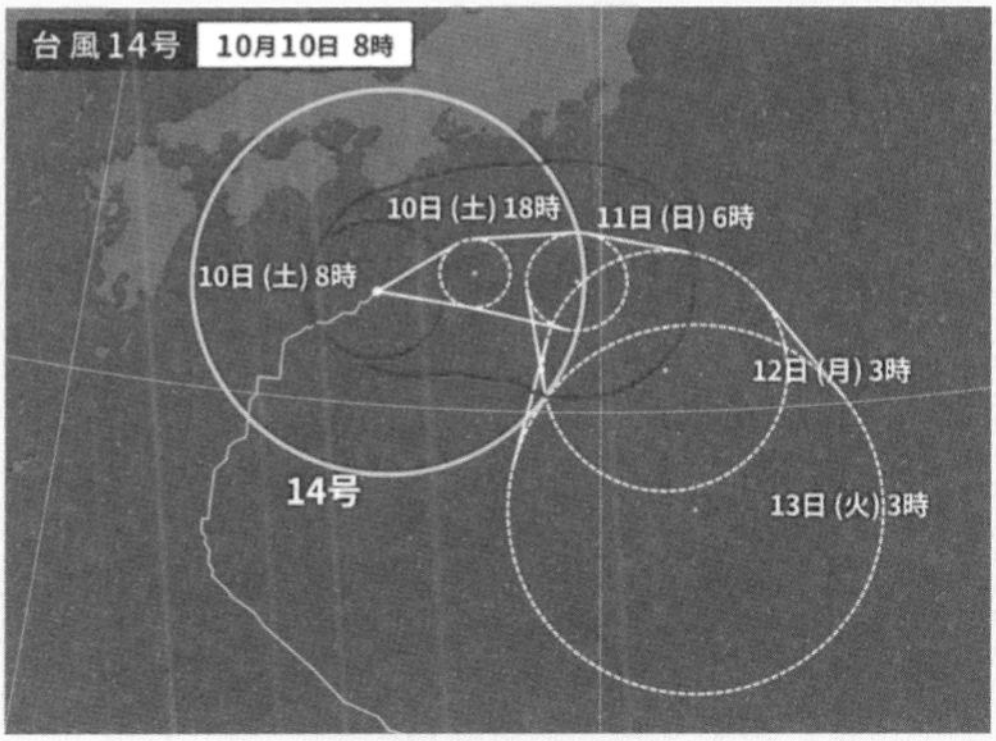

台風14号の進路図

グラウンディング、地に足をつけて生きること、地球の叡智を受け取ることは、今の地球人に最も劣っている能力です。

不安ばかりでフラフラしています。

言いかえると、重力を強く浴びる能力です。

地に足がバッと吸い取られる。

大気が重力をぐっと受けると高気圧になります。

スギが高気圧を生み出したのです。

だから、屋久杉が女性性だった1990年までは、台風の発生数はすごく少なかったはずです。

1990年から、台風の本数は一気にふえていると思います。

屋久杉が女性性から男性性に書き換えられて、分離と破壊になったから、レムリアからアトランティスになった。

アトランティスは、地球と一番うまくいっていなかったエネルギーなの

今、台風が日本に寄ってこられなく
なっているのです。
屋久杉が覚醒して女性性になって、
レムリアのエネルギーになって、重
力を強く持って、高気圧をつくって
いるからです。

です。

自分たちだけよければいい。

地球の動植物を軽視していた時代なので、地球の叡智が入らない。

つまり、重力が最も働かない状態だったのです。

それが低気圧です。

東シナ海のエネルギーが屋久島を越えてくるのです。

日本中のスギが書き換えられていたから、低気圧が日本を縦断しました。

しかし、スギのＤＮＡが書き換えられた今、台風が日本に寄ってこられなくなっているのです。

それは、屋久杉が覚醒して女性性になって、レムリアのエネルギーになって、重力を強く持って、高気圧をつくっているからです。

だから、今年の夏は、こんなに暑くなったのです。

気象とも全部絡み合っています。標高１０００メートルの軽井沢の気温が30度以上などということはあり得なかった。

これは全部屋久杉のしわざです。

台風が東シナ海で発生しても、大陸のほうに行かざるを得ない。

ただ、たまに日本に来ます。

台風は全部悪ではありません。

動植物は雨を必要とするので、屋久杉の意識が、今、日本列島に水が必要だなと思うと、屋久杉は自分の女性性をちょっとやわらげて、重力を弱めて、低気圧をつくって台風を呼び込みます。屋久杉がコントロールしていたのです。

スギのボスなのです。

今、屋久杉が目覚めたので、地球上のスギが目覚めて、世界中のスギが屋久杉の言うことを聞きます。

私が「みろくの世の地球生命のリーダーになってくれ」と屋久杉を開い

今、屋久杉が目覚めたから、地球上のスギが目覚めて、世界中のスギが屋久杉の言うことを聞きます。

たので、世界中のスギが従っています。

人類が今まで見落としてきたもの、みろくの世にあって、今の世にないものは、地に足をつける力です。

グッと地球に結びついて生きていなかった。

地球の叡智を受けていないということは、宇宙の叡智を受けていないのと同じことです。

土台が弱くてグラグラだったら高電流が入らない。

宇宙の叡智も地球の叡智も入らないから、高次元の本来の自分を生きられなかったのです。

イルミナティ、フリーメイソンのスーパートップの言いなりにするにはもってこいだったわけです。

Part 6

宇宙の叡智とつながれ！
松果体の封印もついに
解けたのです！

スーパーガイアと屋久杉と太陽光

今までは人類が眠っていて、人類以外の地球の生命、水、土、木、植物、昆虫、プランクトン、動物と分離していました。

人類の地に足をつける力が弱っている状況でした。

そこがつながると、地球にグッと吸い寄せられる。それはレムリアのエネルギーを持つということなのです。

今回、私はそれをつなげるために、屋久杉のエネルギーを開きに行きました。

屋久杉は岩の上に根を張って生きています。

土がない。栄養分もない。

雨や嵐に吹かれて、誰も褒めてくれないという中で孤独に生きてきた。

この強さは、生きる力としては最上級です。

ほかの植物はまねできません。

動物たちもまねできない。

だから、地球のあらゆる生命たち、海の中に生きる生命、ノリとか、ワカメとか、サンゴとか、プランクトンとか、魚などの動植物たちも、実は屋久杉のことをすごく尊敬しているみたいです。

地球上のガイアのエネルギー全部が屋久杉を感知して、注目していたのです。

そこが書き換えられてしまっていたので、屋久杉を尊敬しているほかの生命たちは、非常に元気をなくしていました。

みんなに生命力を最も示す屋久杉が本来の姿に目覚めたので、ほかの地球の生命たちも喜んで、全部一気に目覚めたというのが、今回の現象だったわけです。

それには、私がエアーズロックで地球のヘソを開いてあったというのが、もちろん必要でした。

今まで「ガイア」とスピリチュアル系の人が言ってきたのは、まだ封印されていた地球生命のエネルギーだったのです。

封印されていても、地球生命のエネルギーがないよりは、あったほうがいいのですが、非常に低かった。

その封印が解けて覚醒したガイアのエネルギーを、私は「スーパーガイア」と呼んでいます。

スーパーガイアを開いたことで、屋久杉がパーンと自信を持って生きるようになり、高気圧をつくります。

台風を寄せつけません。

太陽を非常に浴びさせます。

今まで「ガイア」とスピリチュアル系の人が言ってきたのは、まだ封印されていた地球生命のエネルギーだったのです。

その封印が解けて覚醒したガイアのエネルギーを、私は「スーパーガイア」と呼んでいます。

スーパーガイアを開いたことで、屋久杉がパーンと自信を持って生きるようになり、高気圧をつくります。

台風を寄せつけません。

太陽を非常に浴びさせます。

全ての生命たちがすごく元気になります。

グッと高温になります。

全ての生命たちがすごく元気になります。

植物、プランクトン、サンゴ、昆虫、動物、そして、人間も元気になるのです。

人間もスーパーガイアの一部です。

人間たちが根を張ることがついに可能になったのです。

今まで太陽を受けていなかった人間は、松果体を活性化させていませんでした。

これもイルミナティ、フリーメイソンのうまい思惑だったのです。

太陽を浴びたら皮膚がんになりますよ、太陽を見たら目が潰れますよということをすごく広げました。

医療界のトップを牛耳れば、そういう情報は簡単に流せます。

太陽を浴びないほうがいいですよと、太陽の危険性を流してきました。

今まで太陽を受けていなかった人間は、松果体を活性化させていませんでした。
これもイルミナティ、フリーメイソンのうまい思惑だったのです。

でも、暑かったらずっと外にいるわけはないので、適度に太陽を浴びることはすごく重要なことです。

今、太陽をすごく浴びている感じがあります。

こんなことは今までありませんでした。

これはスーパーガイアが目覚めたからです。

ガイアの中に太陽も入ります。

地球は太陽系だから、ガイアを育てるのは太陽です。

私が天照大御神を開いたということもありますが、今、太陽がすごく元気になって、そのエネルギーを高気圧でグーッと降ろしてきています。

だから、今、気温が高いのです。

今までコロナをどうしてそんな不安・恐怖におびえたかというと、地に足がついていなかったからです。

スーパーガイアとつながっていなかったからです。

屋久杉が覚醒して、スーパーガイアとつながったので、今、実は人類の中ではコロナを怖がらない人がふえてきています。

最近、メディアが伝えるように、マスクを外している人間がふえてきたり、怖がらない人間がふえてきました。

これはその現象です。

でも、上から操られていた人間はコロナは怖いんだと思わされていて、メディアを含めて、いまだに必死にその恐れを発信しているだけです。

コロナを怖がらないというのは、すごく大事な姿勢なのです。

災害・病気を起こす目的は、経済と人間の無力化の2本立て

今までどうして台風の数をふやしてきたかというと、台風を起こせば損

害が生じます。

おカネが動く。経済が回るのです。

定期的に破壊を起こして経済・金融を活発化させることが、イルミナティ、フリーメイソンの一つの狙いでした。

もう一つは、いかに人類を無力と思わせるか。

災害は、この2本立てで行ってきました。

屋久杉は、その災害から神国日本をずっと守ってきました。屋久杉の力が弱くなったから、災害が大きくなったのです。

花粉症、アレルギーの台頭も、イルミナティ、フリーメイソンは、まず医療界を儲けさせて金融を動かすのと、人間自身を無力と思わせることが目的でした。

今回、それを防ぐことが大事だったのです。

花粉症、アレルギーも、イルミナティ、フリーメイソンは、まず医療界を儲けさせて金融を動かすのと、人間自身を無力と思わせることが目的でした。

今回、それを防ぐことが大事だったのです。

Part 7

ウィルス、細菌、カビが本来の役割を果たし始めるときがついに来たのです！

ウィルス、細菌、カビの役割

広義の微生物には、ウィルスとバクテリア（細菌）とカビ（真菌）という3つの形態があります。あと、寄生虫もありますが、それはおいておきます。

この3つは、ガイアの中ですごく大事な役割を持っています。

今回、屋久杉を通してスーパーガイア、地球のエネルギーが目覚めることがすごく大事だったわけです。

この3つの微生物たちは、それぞれ異なった役割を持っています。

それのどれが欠けてもダメなのです。

3つとも必要な役割で、3つが正しく活発に働くことで、地球が元気でい続けることができます。

ウィルスは、生命体のDNAを書き換える能力を持ちます。

人類のDNAはもちろん、動物、スギを含めた植物のDNAを書き換える能力を持ちます。

1990年にイルミナティ、フリーメイソンが屋久杉のDNAを書き換えました。

どういう手段が使われたか、いろいろ想像されるところですが、一つはウィルスを散布したということは十分に考えられると思います。

もちろん、遠隔でのDNA操作を行ったことは、すでに述べましたが、そのほかに、最も手っ取り早い3次元的な手段は、インフルエンザ等のウィルスを屋久島に散布した可能性はあります。

それによって男性性になって、分離・破壊のエネルギーになってしまいました。

屋久島は、がんの発症率が日本列島の中で断トツに高いと、いわれています。不思議だと思いませんか。

屋久島に行ったら、大手コンビニは一つもありませんでした。

自然の中で非常に健康的な生活をしています。

化学添加物なんてとらないし、公害もありません。

がんの原因は、化学添加物とか、重金属とか、いろいろなことを言っていますが、私は、イルミナティ、フリーメイソンによるウィルス散布が大きな直接的原因になっている可能性があると思います。

もう一つは、ＤＮＡを書き換えられた花粉により、花粉症だけでなく、花粉のウィルス化により細胞ががん化するという説です。

両方の説が唱えられる。

それがどちらかは今はわからない。

両方あり得るということです。

屋久島は、がんの発症率が日本列島の中で断トツに高い。不思議だと思いませんか。
自然の中で非常に健康的な生活をしています。
化学添加物なんてとらないし、公害もありません。

がんの原因は、化学添加物とか、重金属とか、いろいろなことを言っていますが、私は、イルミナティ、フリーメイソンによるウィルス散布が大きな直接的原因になっている可能性があると思います。

屋久島だけが、がんの発症率がなぜか断トツに高い。これは謎です。

要するに、ウィルスが散布され、遠隔ＤＮＡ操作によりスギが書き換えられました。

ウィルスはどのようにもＤＮＡを書き換えられるのです。

その人間が分離と破壊の思念を持って散布したら、そのウィルスは悪く働きます。

私がいつも言うように、愛と感謝を注いで散布したら、人類を進化させるほうに働きます。

ウィルスは悪者ではありません。

散布した人間の思念がウィルスをそのように働かせたということです。

ウィルスはＤＮＡを書き換える能力がある。

だから、ウィルスが必要だったわけです。

人類は、急に手を使って作業ができるようになり、石器とかいろいろつ

もう一つは、書き換えられた花粉を吸っているので、花粉症だけでなく、もちろん花粉によって細胞ががん化するという説もあります。

くれるようになりました。

あるいは、急にしゃべれるようになり、コミュニケーションできるようになりました。

歴史的には、ダーウィンの進化論があります。

今まで教えられてきた進化論は徐々になだらかに進化していくというものですが、実は本来は階段状にポーンと上がるのです。

またずーっと変わらなくて、またポーンと上がる。

人類はこのように進化してきたのです。

そのとき何があったのか。ウィルス感染があったのです。

宇宙の意志で、ウィルスが宇宙からやってきた可能性もあるわけです。

細菌（バクテリア）は、皆さんの体の中にたくさんいます。

とくに有名なのは腸内細菌の善玉菌、悪玉菌ですが、ほかにもいろいろ

ウィルスはどのようにも書き換えられるのです。
ウィルスは悪者ではありません。
散布した人間の思念がウィルスをそのように働かせたということです。

います。

細菌は、なくてはならないものです。

口の中にも、皮膚にもいます。

細菌は、体内で物質を分解して栄養にし、不要なものを排泄する働きをしています。浄化です。

例えば人間が死んだら遺体を腐らせて、土にするのも細菌です。

つまり、細菌の役割は、物質を分解して栄養にするか土にするか、必要な形にすることです。

カビは生命エネルギーを伝達している

では、カビの役割は何でしょうか。

私が地球で初めて言うのですが、私は屋久杉を見てわかりました。

カビは胞子からできています。

あれも生命です。

カビも人間の体の中にたくさんあります。

体の中の細胞から細胞にどのように指令が行っているか。学校で習ったと思いますが、活動電位です。

神経を伝わって電気が流れているのです。

その生命信号を流れやすくするのがカビだというのが、私が唱える説です。

屋久杉を見ると、生命力がある木ほど、カビみたいな白いものがいっぱい生えています。

屋久杉は、土もない、水分もない、栄養分もない岩に生えています。

それなのに、どうやって生命エネルギーを木全体に渡らせているかとい

では、カビの役割は何でしょうか。
体の中の細胞から細胞にどのように
指令が行っているか。
活動電位です。
その生命信号を流れやすくするの
がカビだというのが、私が唱える説
です。

うと、カビの役割が非常に大きい。

また、屋久杉は緑のコケに覆われています。

木が緑色に見えます。

コケも、カビの仲間のように見えます。

生物学的には違うかもしれませんが、カビがエネルギー的にもう少し進化したのがコケだと思います。

カビもコケも、太陽があまり当たらず湿ったところに生えてきます。

太陽が当たれば一気に光合成してエネルギーを生み出すことができますが、太陽が当たらないところで、受け取った少ないエネルギーをどのように全身に回すか。

私は、カビ、コケが生命エネルギーを伝達しているのだと思います。

また、屋久杉は緑のコケに覆われています。
木が緑色に見えます。
コケも、カビの仲間のように見えます。
私は、カビ、コケが生命エネルギーを伝達しているのだと思います。

屋久杉は自分の生きざままで教えている

私は、ウィルス、細菌、カビの3つに関して、新しい説を唱えています。

ウィルスは人類進化のため、もしくは不必要な人類について、宇宙による人口統制の役割も担っていると思います。

それは仕方がない。

細菌は、必要なエネルギーを生み出して、必要がなくなったものを分解して排泄し、浄化する。

カビ（真菌）は、必要な生命エネルギーを流す。

この3つが全部必要なのです。

ガイアのエネルギーにはすごい仕組みがあることに人間は気づいていま

せん。

我々は、人間だけが偉い、すばらしいと思っていますが、ガイアのエネルギーのすばらしさに気づくといいと思うのです。

彼らは偉くはありません。

単純で、一つの役割しかできません。

ただ、ウィルス、細菌、カビのどれ一つなくても、人間は生命活動を営めません。

人間だけでなく、屋久杉を初め地球の生命が、それぞれ自分の役割を持って、いかに力強く生きているかということを思い知るべきです。

それには、やはり愛と感謝です。

私が新型コロナウィルスに愛と感謝を送りなさいといつも言ってきたのは、まさにこのことです。

ウィルスだけではありません。

あらゆる細菌に対しても感謝です。

O157などの細菌も、もちろん病気は起こすけれども、遺伝子変異するのです。

人間が不安・恐怖で向かっているから、細菌はどんどん病気を起こしますが、「いろいろと学ばせてくれてありがとう」と言ったら穏やかな菌になるはずです。

愛と感謝を送ることで、人類は進化・成長という恩恵を受け取ることができます。

カビは、生えてはダメだと生活の中では悪者にされています。でも、カビがなかったら生命エネルギーが届けられなくて、生きているものが生きられなくなるということを考えれば、カビに「ありがとう」と愛と感謝を送ることが非常に重要です。

屋久杉は、そのことを自分の体をもって教えてくれています。

人間が不安・恐怖で向かっているから、細菌はどんどん病気を起こしますが、「いろいろと学ばせてくれてありがとう」と言ったら穏やかな菌になるはずです。

カビに「ありがとう」と愛と感謝を送ることが非常に重要です。
屋久杉は、そのことを自分の体をもって教えてくれています。

コケだらけですよ。

自分が生きているというより、カビとかコケが生きているようなものです。

人類は、ウィルスも細菌も病気を起こすからダメだ、カビも不潔なものだからダメだと決めつけてきましたが、それこそがあなたを生かしているのです。

それは屋久杉の生きる哲学が教えているわけです。

屋久杉が自分の生きざまを見せて、人類に教えているわけです。

自分をサポートするものがなくても、栄養がなくても、誰に相手されなくても、何の楽しみがなくても、何の財産がなくても、ただあなたが地に足を張って、ガイアのエネルギーを受けて存在することが、生命として偉大なことであるということを感じてもらいたいのです。

屋久島の人は、今まで、がんが多かったのです。

でも、屋久杉の遺伝子が書き換わって、世界のスギが変わってくるので、がんが徐々に減ってくるでしょう。

穏やかになってくるだろうと思われます。

屋久島はウミガメが本当にたくさん来て、卵を産んで、孵化する場所なんです。

どうしてあんな岩だらけのゴツゴツしたところに産みに来るのか疑問に思っていたのですが、今思えば、屋久杉というすごい生命力があるところで、大地に包まれるようで安心するのだと思うのです。

今までちょっと乱れていましたが、これで本来の姿になったので、さらにウミガメがふえるのではないかと思います。

Part 8

イルミナティ、フリーメイソンは、ウィルス、細菌、カビも操っていた

スーパートップがこの3つで何をやっていたか

今までイルミナティ、フリーメイソンのスーパートップが、その3つの微生物を使って何をやっていたか。

ウィルスに関しては、人類の遺伝子を悪いほうに、無力なほうに書き換えていました。

細菌を使っては病気を起こさせていた。O157が有名です。

ペストやコレラなど、いろいろな病気がありました。

人類に医療費を使わせるのと、人間は無力だと思わせること、人口削減もあります。

細菌は本当はいい役割をすることが多いのですが、いかにも悪者のイメージに仕立ててきたのも彼らなのです。

カビもそうです。生命エネルギー伝播するのに必要だったのに、カビを吸ったら肺アスペルギルス症になりますよとか、悪者にしてきました。

人間がカビに対して悪い印象を持ったら、カビは悪いことをします。

カビに対して愛と感謝を送れば、カビはいいほうに働いてくれます。

あなたの中にどんどんカビを住まわせて、宇宙のエネルギー、地球のエネルギーをどんどん流してもらいなさい。

いい細菌を住まわせて、栄養をどんどんつくって、不要なものをどんどん捨ててもらいなさい。

いいウィルスをどんどん受けて、進化・成長するようにどんどん書き換えてもらいなさい。

価値観の大転換です。

みろくの世はひっくり返ることだから、それが大事なのです。

徐々にでなく、グレンと一気にひっくり返る。
この理論は微生物学者は誰も唱えていません。
私が初めて唱えたことです。

Part 9

宇宙の叡智→珪素→
松果体→ウィルスへ
生命パワーのリレー

微生物のヘルプで、宇宙の叡智が松果体から細胞に伝わる

宇宙の叡智は珪素《けいそ》が受け取ります。

どのように生きればいいか、どのように細胞が働けばいいかというハウツーは、珪素が宇宙の叡智を受け取ることで行われるのです。

そのハウツーを起動するパワーは、地球の叡智を受け取る炭素です。細胞はたんぱく質（プロテイン）でできています。

たんぱく質も、炭水化物も、脂肪も、みんな炭素骨格です。

そこに地球のエネルギーが入ってきて、パワーを与えるのです。

炭素のパワーで宇宙の叡智を起動すると、細胞のミトコンドリアでATP（アデノシン三リン酸）というエネルギー物質がつくられます。

どのように生きればいいか、どのように細胞が働けばいいかというハウツーは、珪素が宇宙の叡智を受け取ることで行われるのです。

細胞は、細胞膜で包まれていて、中に核とミトコンドリアがあります。宇宙の叡智が降りてくると、人間は松果体の珪素で受け取って、それが神経を伝わってきて、細胞の表面まで行きます。

細胞膜には珪素がたくさんあるので、そこで受け取って、宇宙の叡智、ハウツーの知識が細胞の核に入ると、ＤＮＡに行きます。

そのときに、ウィルスがそこへ介入してきて、宇宙の叡智＋ウィルスのエネルギーでベクターとして組み込んで、ＤＮＡを書き換えるのです。

宇宙の叡智にウィルスが介入してくることが大事です。ミトコンドリアも珪素を有しているので、エネルギーを生み出そうとします。

細胞の核にはウィルスが作用して、ミトコンドリアには細菌が作用して、ミトコンドリアで栄養をいっぱい生み出させる。

松果体で宇宙の叡智を受けて、神経を伝わって細胞に行きます。神経や細胞の中を通る伝達は、全部カビがパワーアップします。

宇宙の叡智にウィルスが介入してくることが大事です。ミトコンドリアも珪素を有しているので、エネルギーを生み出そうとします。

松果体で宇宙の叡智を受けて、神経を伝わって細胞に行きます。神経や細胞の中を通る伝達は、全部カビがパワーアップします。

人体の仕組みは、そういうふうに成り立っています。

人体の仕組みは、そういうふうに成り立っています。

人間は、そういうふうにほかの微細な生命たちのヘルプを受けて、日常の生命維持活動が行われているのです。

宇宙の叡智は父のエネルギーで、ガイアの叡智は母のエネルギーです。

細胞の核は父のDNAと母のDNAを半分ずつ受け取って、両方持っています。

でも、ミトコンドリアだけは母系のDNAしかありません。

これは生命の神秘です。

このことから何がうかがえるかというと、地球のエネルギーを受け取るところがミトコンドリアですから、地球は母のエネルギーを持っているということです。

父親は宇宙のエネルギーです。

父親は、どうやって生きるかを教えるだけです。

母親は、実際に働く本当の生命の力を与えるのです。

だから、地球において、男は偉そうなことを言っていてはダメなのです。

女性の言うことを聞く。

母のエネルギー、女性のエネルギーはガイアのエネルギーです。細胞を見ると、そういうことが読み解けてきます。

だから、母の愛情を受けていないと、グラウンディングはしにくいのです。

植物のコミュニケーション

地球の位置により生息する植物は全く違います。

スギの生息分布は緯度によって区分され、緯度が高くなり寒くなると、また低くなり暑くなると、違う生物が生息します。

同種類の植物の間のコミュニケーションは速くて、異種類は遅いです。

それは腸内細菌が、自分と同じ細菌とコミュニケーションをとっているのと同じです。

彼らは同じ意識を持っています。

植物も、一番高いエネルギーのボスが意識を変えたら、全部変わります。

ただ、ほかの生物はどうかというと、ほかの生物にも、エネルギーの高いボス的なところがあるので、そこと交流していくということです。

今回、私はスギを書き換えたのですが、スギは神木と言われているだけあって、宇宙の叡智を最も受け取りやすい木と考えていいと思います。

木の中でも宇宙と最もつながりやすい木ということで、スギが書き換わると必然的にヒノキが書き換わって、ほかの種類の木も徐々に書き換わっていくだろうというのが私の感触です。

スギさえ書き換えておけば、ほかの木のDNA操作をわざわざしに行かなくても、しかるべきときに書き換わっていくのです。

ドクタードルフィンの屋久島スーパーガイア＆合宿スクール リトリートツアー

Part 10

屋久杉・意識体との会話

縄文杉の意識、降臨！

わしは、屋久杉の集合意識体じゃ。

10万年近く前に、屋久島というものが岩として存在していた。

宇宙の意識は、人類と地球が最終的に進化することにフォーカスして、物事を起こすわけじゃ。

宇宙の意識は将来を見越して、約1万年前に岩だらけの屋久島に、おそらく地球上で最も古いスギを舞い降ろさせたのは、宇宙の意識じゃ。

そこに種子を宇宙からまいた。

それまで地球にスギはなかった。

それは人間が種をまくという形ではなくて、エネルギー体をまく。宇宙からスギのエネルギーを持ってきてまくということで物質化した。

エネルギーをまくことで、岩の上で種になった。

宇宙の意識は、その種に向かって、この困難な厳しい環境で生きることを、その後の地球の社会に見せつけなさいということを伝えた。

どうして屋久島かというと、宇宙の意識が言うには、屋久島は、レムリアのエネルギーを最も保持している岩である。

ドクタードルフィンが開いたベトナムのハロン湾から、まさにレムリアの龍の大もとのエネルギーを持って、フィリピン、台湾、沖縄を経由して、屋久島までやってきた。近くに桜島があるから、ガイアのエネルギーとしては非常に活発な場所じゃ。

もともと宇宙の意識は、ドクタードルフィンがいつも言う愛と調和、レムリアのエネルギーを地球に成り立たせるという目的で、何の助けがなくても、地球とつながれば、人間が一人でも力強く生きられることを見せつけることを願った。

それが屋久島に植えつけられたわしの役割じゃ。

10万年前に岩ができて、約1万年前に屋久杉の種が植えられた。

ただし、最初の2000〜3000年はなかなか定着しなかった。

雨や嵐がきつくて流されるし、土がないので根が張れないんじゃ。

そのときに、わしはほかの植物から言われたんじゃなあ。

「そんな土もないところに根が張れるわけがない。いくら宇宙の要請でも、そんなの無理だよ」

と、ぬくぬくとしている熱帯雨林の木たちが、フサフサの葉っぱで言ってきたのぉ。

しかし、「絶対にできる。やりなさい」という宇宙の要請だったから、岩の上に根を伸ばしたんじゃ。岩の上に根を伸ばすというのは、人間よ、あんたさんたちが考えるほど易しいものじゃないよ。

ものすごく痛かった。きつかった。

すぐ切れた。

また伸ばす。クモの巣が取り除かれても、また張るのと同じじゃ。

何度も繰り返して、ようやく最初に木が芽生えたのが7000年前、縄文杉のある場所じゃ。

わしは諦めようと思ったけども、宇宙が「ある時期が来たときに、あんたの生きざまが人類を目覚めさせる」と言うものだから、根を踏ん張ったんじゃな。

きつかったなあ。

切れて痛い。

厳しい。

喉が渇く。

そのときに助けてくれたのは、微生物たちだったのお。

栄養を運んでくれる細菌さんとか、自分をきれいに浄化してくれる細菌さん、もしくは、より厳しい環境に適応できるように遺伝子を書き換えてくれるウィルスさん、何といっても一番助けになったのはコケとカビじゃ。私の体にまとわりついて、エネルギーを全身にくまなく流してくれた。考えると、わしの友達は微生物たちだったんじゃな。

時たま降る雨とか太陽も友達ではあるけれども、微生物がわしの友として本当によくやってくれて、わしは7000年も生きてきた。

この前、ドクタードルフィンがやってきて、厳しい歴史があったことをみんなに話していた。

人間の歴史で言う1990年ごろ、ある勢力によって、わしらの遺伝子が書き換えられて、やる気をなくした。

本来の自分のよさを書き換えられて、わしらがいるから、例えば人類が花粉症で苦しんだ。

屋久島は本当に自然が豊かで、いい人ばかりなのに、がんで人がいっぱい死んでいく。

そんなことを見せつけられて、わしは何のためにスギをやっているんじゃ、となげいた。

7000年生きていたけれども、朽ちて死んでしまいたいと思っても、岩に根が張っている。カビたち、コケたちは頑張れ、頑張れと言うんだけれども、そんな悪役をさせられてと思ったときに、ようやくドクタードルフィンがやってきて、わしを書き換えてくれた。

本当を言うと、昔はわしらのエネルギーで台風から日本を守っていた。

必要な台風はわざと通したけれども、必要のないものは全部遮《さえぎ》って、人間が平和に暮らせる環境づくりにわしらは一番貢献していたのに、それが逆になった。

でも、彼が書き換えてくれて本来の姿になったということで、こんなうれしいことはない。

新型コロナウィルスも、「よかったね」とわしらを祝福してくれている。細菌もカビもしかり。これでわしら以外の木や植物たちも目覚めさせることができるようになるし、ほかの動物たちも目覚めさせることができる。

人間の皆さんよ、何千年と生きているわしらから見たら、100年足らずの人生で何がわかるかというのが、わしらの本当の気持ちじゃ。あなたたちは、地球の生命のことを何もわかっていないからのお。

人間さんたちよ。

あんたたちが本当の生命の意義というかすばらしさを知るには、100年では無理なんじゃ。どうかわしらを見なさい。

岩の上で、何もないところに根を張って生きるわしらの姿。嵐が来て倒れても、光を受けて、また新たな木を生み出すわしらの生命を育む力。

何もいなくても、自分の存在する意味、価値を知っているわしらの姿。人間たちと逆じゃのお。何かをすぐ追い求めて、何かをすぐ奪い取ろうとする。

あんたたちはそのままで、あんたしかない価値をすでに持っているのに、それを知らずに、外ばかり見て、自分の中を見ない。

自分の根を見なさい。

しっかり張っているか。そして、天に向かって伸びようとしているか。

誰が右から左から、前から後ろから攻めてこようとものともせず、上に伸びるんじゃ。

たとえ木を切られても、そこからまた新たな枝、幹を伸ばしていく。自分の価値を知り、自分が生きる喜びを知っているわしらの姿を、あなたたちは一番感じる必要がある。

これから人類社会が大きく変わるぞよ。

ドクタードルフィンが言うみろくの世が起動する。

だからこそ、ガイアを代表するわしが地球のエネルギーをリードして、宇宙の要請を伝える。

あなたたちに本当に地球に生きる力強い存在、幸福を感じる存在、喜びを感じる存在になってもらうのが、今は本当に楽しみじゃ。

どうか今ここにあるあなたが、そのままに根を張って、天に向かって生きなさい。

それがわしらの一番のメッセージ、伝えたいことじゃ。

最後にもう一つ、屋久島にいるとよくわかるぞ。

雨や嵐、日照りもすごい。

欲しいときに欲しいものがないんじゃ。

つらいことばかり。

でも、それを体験するから、あなたたちは喜び、幸福を感じる。体験することなしに感じるものは大したものではない。
体験することを恐れることなかれ。
体験することにそむくことなかれ。自信を持ってあなたを生きなさい。

スーパーガイアを味方につけてオリンピックを

彼らは本当にお友達がいなくて、ウィルスと細菌とカビしかいなかった。
でも、宇宙のメッセンジャーたちが彼らをいつも応援してくれました。
クロアゲハ、ウグイス、トンビ、彼らには感謝しています。
生命力があるところには、この3つが必ずいます。
私の診療所の周りには、トンビがいつも飛んでいます。
最後に一つ降りてきたのは、オリンピックは、スギ＝スーパーガイアを味方につければ実現できます。

しかし、そこをいいかげんにすると難しい。

地球の自然環境です。

人類の集合意識より植物の集合意識のほうが断トツに強いというのは、宇宙から言われていることです。

スギが変わると全ての植物が変わってくるので、彼らが一体となったときには、人類の集合意識は到底太刀打ちできません。

彼らと協同しなければならない。

彼らと敵対したら、人類は地球から切り出されます。

敵対することはないでしょうが、植物をもっと大事にするということです。

オリンピック会場となる新国立競技場には、全国の46都道府県のスギと、リュウキュウマツが使われているそうです。

オリンピックを来年に延ばしている意味がいろいろわかってきます。

屋久杉を開いていないうちにオリンピックをやってしまったら、非常に厳しかったでしょう。

今、屋久島から北は全部高気圧です。

山下達郎の「高気圧ガール」ではないですが、日本列島は高気圧ジャパンです。

スギのように根を張る。

そこが地球人の課題だったので、スギが見せてくれています。

神道でスギを使うのは、そこにあるのです。

植物を味方につけるのは大事なことです。

人間の味方より植物の味方のほうが断トツに強いのです。

88次元 Fa-A ドクタードルフィン 松久 正

鎌倉ドクタードルフィン診療所院長。日本整形外科学会認定整形外科専門医、日本医師会認定健康スポーツ医、米国公認ドクター オブ カイロプラクティック。慶應義塾大学医学部卒業、米国パーマーカイロプラクティック大学卒業。「地球社会の奇跡はドクタードルフィンの常識」の“ミラクルプロデューサー”。神と宇宙存在を超越し、地球で最も次元の高い存在として、神と高次元存在そして人類と地球の覚醒を担い、社会と医学を次元上昇させる。超高次元エネルギーのサポートを受け、人類をはじめとする地球生命の松果体を覚醒することにより、人類と地球のDNAを書き換える。超次元・超時空間松果体覚醒医学の対面診療には、全国各地・海外からの新規患者予約が数年待ち。世界初の遠隔医学診療を世に発信する。セミナー・講演会・ツアー・スクール（学園、塾）開催、ラジオ、ブログ、メルマガ、動画で活躍中。ドクタードルフィン公式メールマガジン（無料）配信中（HPで登録）、プレミアム動画サロン ドクタードルフィン Diamond 倶楽部（有料メンバー制）は随時入会受付中。
多数の著書があり、最新刊は『イルミナティとフリーメイソンとドクタードルフィン（ヒカルランド）』『地球のメディア情報では、もう人類は救われません（青林堂）』、『地球人類よ、新型コロナウィルスを浴びなさい！（ヒカルランド）』、『卑弥呼と天照大御神の復活 世界リーダー・霊性邪馬台国誕生への大分・宇佐の奇跡（青林堂）』『龍・鳳凰と人類覚醒 荒れ狂う世界の救済 ベトナム・ハロン湾（降龍）／タンロン遺跡（昇龍）の奇跡（ヒカルランド）』『霊性琉球の神聖誕生 日本を世界のリーダーにする奇跡（ヒカルランド）』『宇宙人のワタシと地球人のわたし（明窓出版）』『神医学（青林堂）』『シリウスランゲージ（ヒカルランド）』『ウィルスの愛と人類の進化（ヒカルランド）』、他に、『宇宙の優等生になりたいなら、アウトローの地球人におなりなさい！（ヴォイス）』『宇宙からの覚醒爆弾「炎上チルドレン」（ヒカルランド）』『ピラミッド封印解除・超覚醒 明かされる秘密（青林堂）』『菊理姫（ククリヒメ）神降臨なり（ヒカルランド）』『令和のDNA 0＝∞医学（ヒカルランド）』『死と病気は芸術だ！（ヴォイス）』『神ドクターDoctor of God（青林堂）』『かほなちゃんは、宇宙が選んだ地球の先生（ヒカルランド）』『いのちのヌード（ヴォイス）』『UFOエネルギーとNEOチルドレンと高次元存在が教える地球では誰も知らないこと（明窓出版）』『幸せDNAをオンにするには潜在意識を眠らせなさい（明窓出版）』『シリウス旅行記（ヴォイス）』『ペットと動物のココロが望む世界を創る方法（ヒカルランド）』『多次元パラレル自分宇宙（徳間書店）』『ドクタードルフィンの高次元DNAコード（ヒカルランド）』『松果体革命パワーブック（ナチュラルスピリット）』『シリウスがもう止まらない（ヒカルランド）』『これでいいのだ！ヘンタイでいいのだ！（ヴォイス）』『からまった心と体のほどきかた 古い自分を解き放ち、ほんとうの自分を取りもどす（PHP研究所）』『松果体革命 松果体を覚醒させ超人類になる！（ナチュラルスピリット）』（2018年度出版社No.1ベストセラー）、『ドクター・ドルフィンのシリウス超医学（ヒカルランド）』『あなたの宇宙人バイブレーションが覚醒します！（徳間書店）』『ワクワクからぷあぷあへ（ライトワーカー）』『水晶（珪素）化する地球人の秘密（ヒカルランド）』『Dr. ドルフィンの地球人革命（ナチュラルスピリット）』『「首の後ろを押す」と病気が治る（マキノ出版）』は健康本ベストセラーとなっており、『「首の後ろを押す」と病気が勝手に治りだす（マキノ出版）』はその最新版となる。『「首のうしろを押す」だけで健康になる（王様文庫）』今後も続々と新刊本を出版予定！　世界で今、最も影響力のある存在である。

ドクタードルフィン 松久 正 公式サイト　https://drdolphin.jp

「世界遺産：屋久杉」と「宇宙遺産：ドクタードルフィン」

みろくの世とスーパーガイア

第一刷　2020年11月30日

著者　松久　正

発行人　石井健資

発行所　株式会社ヒカルランド
〒162-0821 東京都新宿区津久戸町3-11 TH1ビル6F
電話 03-6265-0852 ファックス 03-6265-0853
http://www.hikaruland.co.jp info@hikaruland.co.jp

振替　00180-8-496587

本文・カバー・製本　中央精版印刷株式会社

DTP　株式会社キャップス

編集担当　高島敏子／溝口立太

ISBN978-4-86471-939-1

(左) BOXセット (中) 原画 (右) ジークレー版画

※ジークレー版画の写真は額装付きのものですが、実際の商品には額装は付きません

プレミアム販売その② ジークレー版画

最新技術で拡大印刷した「ジークレー版画」※1は存在感抜群！
さらにドクタードルフィンがあなたのために、個別にエネルギーをアクティベート！
まさに、あなただけの超パワーアートの誕生です。

※1 ジークレーとは、フランス語で「インクを吹き付けて色をつける」という意味で、高性能スキャンした原画データを使いミクロ粒子のインクをジェット噴射する為、微妙な発色や精密さ、色調の幅ともに従来の複製技法の限界を凌駕している最新技法。

【ジークレー版画】

●サイズ：33cm×33cm（額装はつきません）
●キャンバス地
●ドクタードルフィンによる個別エネルギーアクティベート付き
●販売価格：1枚 38,000円＋税

★詳細 & 購入は★
ヒカルランドパークまで　http://www.hikaruland.co.jp/

『シリウスランゲージ』原画＆ジークレー版画
プレミアム販売!

ドクタードルフィンによる
解説＆原画へのエネルギーアクティベート
スペシャル動画をチェック！

プレミアム販売その①　超貴重な原画

原画の繊細なタッチで描かれた曼荼羅アートの美しさ、放出されるエネルギーは圧倒的！　すべて１点ものの「原画」を特別販売いたします。

【原画（額装付き）】
●サイズ：原画 16.8cm×16.8cm
（額装後　25cm×25cm）
●ドクタードルフィンによるエネルギーアクティベート完了
●値段：作品ごとに、ヒカルランドパーク HP にてご確認ください
●各作品につき、１点のみ　※売り切れの場合はご了承ください

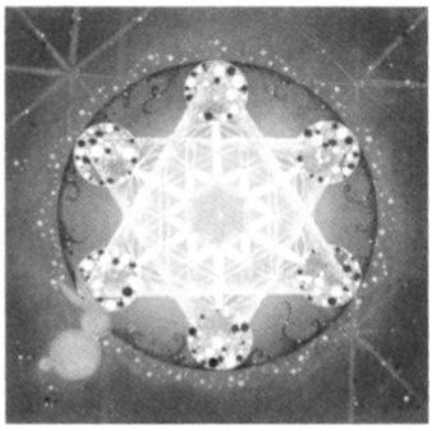

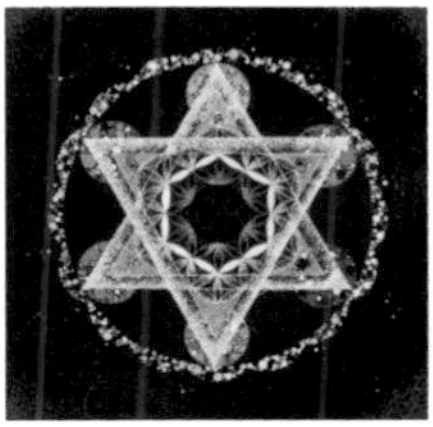
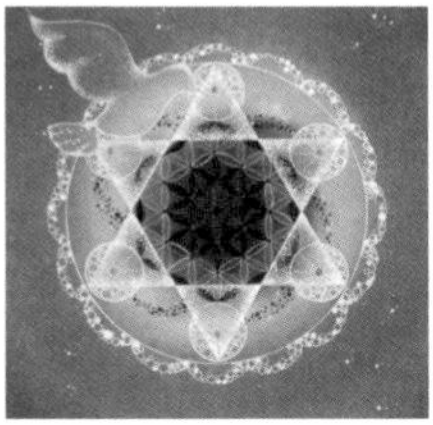

も効果的とは言えません。また、珪素には他の栄養素の吸収を助け、必要とする各組織に運ぶ役割もあります。そこで開発元では、珪素と一緒に配合するものは何がよいか、その配合率はどれくらいがよいかを追求し、珪素の特長を最大限に引き出す配合を実現。また、健康被害が懸念される添加物は一切使用しない、珪素の原料も安全性をクリアしたものを使うなど、消費者のことを考えた開発を志しています。

手軽に使える液体タイプ、必須栄養素をバランスよく摂れる錠剤タイプ、さらに珪素を使ったお肌に優しいクリームまで、用途にあわせて選べます。

◎ドクタードルフィン先生一押しはコレ！　便利な水溶性珪素「レクステラ」

天然の水晶から抽出された濃縮溶液でドクタードルフィン先生も一番のオススメです。水晶を飲むの？　安全なの？　と思われる方もご安心を。「レクステラ」は水に完全に溶解した状態（アモルファス化）の珪素ですから、体内に石が蓄積するようなことはありません。この水溶性の珪素は、釘を入れても錆びず、油に注ぐと混ざるなど、目に見える実験で珪素の特長がよくわかります。そして、何より使い勝手がよく、あらゆる方法で珪素を摂ることができるのが嬉しい！　いろいろ試しながら珪素のチカラをご体感いただけます。

レクステラ（水溶性珪素）
■ 500mℓ　21,600円（税込）

●使用目安：１日あたり４～16mℓ

飲みものに
・コーヒー、ジュース、お酒などに10～20滴添加。アルカリ性に近くなり身体にやさしくなります。お酒に入れれば、翌朝スッキリ！

食べものに
・ラーメン、味噌汁、ご飯ものなどにワンプッシュ。

料理に
・ボールに１リットルあたり20～30滴入れてつけると洗浄効果が。
・調理の際に入れれば素材の味が引き立ち美味しく変化。
・お米を研ぐときに、20～30滴入れて洗ったり、炊飯時にもワンプッシュ。
・ペットの飲み水や、えさにも５～10滴。(ペットの体重により、調節してください)

【お問い合わせ先】ヒカルランドパーク

＊ご案内の価格、その他情報は発行日時点のものとなります。

ドクタードルフィン先生も太鼓判!
生命維持に必要不可欠な珪素を効率的・安全に補給

◎珪素は人間の健康・美容に必須の自然元素

珪素（イメージ）

地球上でもっとも多く存在している元素は酸素ですが、その次に多いのが珪素だということはあまり知られていません。藻類の一種である珪素は、シリコンとも呼ばれ、自然界に存在する非金属の元素です。長い年月をかけながら海底や湖底・土壌につもり、純度の高い珪素の化石は透明な水晶になります。また、珪素には土壌や鉱物に結晶化した状態で存在している水晶のような鉱物由来のものと、籾殻のように微生物や植物酵素によって非結晶になった状態で存在している植物由来の２種類に分けられます。
そんな珪素が今健康・美容業界で注目を集めています。もともと地球上に多く存在することからも、生物にとって重要なことは推測できますが、心臓や肝臓、肺といった「臓器」、血管や神経、リンパといった「器官」、さらに、皮膚や髪、爪など、人体が構成される段階で欠かせない第14番目の自然元素として、体と心が必要とする唯一無比の役割を果たしています。
珪素は人間の体内にも存在しますが、近年は食生活や生活習慣の変化などによって珪素不足の人が増え続け、日本人のほぼ全員が珪素不足に陥っているとの調査報告もあります。また、珪素は加齢とともに減少していきます。体内の珪素が欠乏すると、偏頭痛、肩こり、肌荒れ、抜け毛、骨の劣化、血管に脂肪がつきやすくなるなど、様々な不調や老化の原因になります。しかし、食品に含まれる珪素の量はごくわずか。食事で十分な量の珪素を補うことはとても困難です。そこで、健康を維持し若々しく充実した人生を送るためにも、珪素をいかに効率的に摂っていくかが求められてきます。

こんなに期待できる！ 珪素のチカラ

●健康サポート ●ダイエット補助（脂肪分解） ●お悩み肌の方に
●ミトコンドリアの活性化 ●静菌作用 ●デトックス効果
●消炎性／抗酸化 ●細胞の賦活性 ●腸内の活性 ●ミネラル補給
●叡智の供給源・松果体の活性 ●免疫の司令塔・胸腺の活性 ●再生作用

◎安全・効果的・高品質！ 珪素補給に最適な「レクステラ」シリーズ

珪素を安全かつ効率的に補給できるよう研究に研究を重ね、たゆまない品質向上への取り組みによって製品化された「レクステラ」シリーズは、ドクタードルフィン先生もお気に入りの、オススメのブランドです。
珪素は体に重要ではありますが、体内の主要成分ではなく、珪素だけを多量に摂って

「ドクターレックス プレミアム」、「レクステラ プレミアムセブン」、どちらも毎日お召し上がりいただくことをおすすめしますが、毎日の併用が難しいという場合は「ドクターレックス プレミアム」を基本としてお使いいただくことで、体の基礎を整えるための栄養素をバランスよく補うことができます。「レクステラ プレミアムセブン」は、どんよりとした日やここぞというときに、スポット的にお使いいただくのがおすすめです。

また、どちらか一方を選ぶ場合、栄養バランスを重視する方は「ドクターレックス プレミアム」、全体的な健康と基礎サポートを目指す方は「レクステラ プレミアムセブン」という使い方がおすすめです。

◎すこやかな皮膚を保つために最適な珪素クリーム

皮膚の形成に欠かせない必須ミネラルの一つである珪素は、すこやかな皮膚を保つために欠かせません。「レクステラ クリーム」は、全身に使える天然ミネラルクリームです。珪素はもちろん、数百キロの原料を精製・濃縮し、最終的にはわずか数キロしか取れない貴重な天然ミネラルを配合しています。合成着色料や香料などは使用せずに、原料から製造まで一貫して日本国内にこだわっています。濃縮されたクリームですので、そのまま塗布しても構いませんが、小豆大のクリームを手のひらに取り、精製水や化粧水と混ぜて乳液状にしてお使いいただくのもおすすめです。お肌のコンディションを選ばずに、老若男女どなたにも安心してお使いいただけます。

レクステラ クリーム
■ 50ｇ　12,573円（税込）

●主な成分：水溶性濃縮珪素、天然ミネラル（約17種類配合）、金（ゴールド・ナノコロイド）、ヒアルロン酸、アルガンオイル、スクワラン、プロポリス、ホホバオイル、ミツロウ、シロキクラゲ多糖体
●使用目安：２～３か月（フェイシャルケア）、約１か月（全身ケア）

◎植物性珪素と17種類の必須栄養素をバランスよく摂取

基準値量をクリアした、消費者庁が定める17種類の必須栄養素を含む、厳選された22の成分を配合したオールインワン・バランス栄養機能食品。体にはバランスのとれた食事が必要です。しかし、あらゆる栄養を同時に摂ろうとすれば、莫大な食費と手間がかかってしまうのも事実。医師監修のもと開発された「ドクターレックス プレミアム」なら、バランスのよい栄養補給ができ、健康の基礎をサポートします。

ドクターレックス プレミアム
■５粒×30包　8,640円（税込）

●配合成分：植物性珪素、植物性乳酸菌、フィッシュコラーゲン、ザクロ果実、ノコギリヤシ、カルシウム、マグネシウム、鉄、亜鉛、銅、ビタミンA・C・E・D・B_1・B_2・B_6・B_{12}、パントテン酸、ビオチン、ナイアシン、葉酸
●使用目安：１日あたり２包（栄養機能食品として）

◎珪素をはじめとする厳選した７成分で打ち勝つ力を強力サポート！

人体の臓器・器官を構成する「珪素」を手軽に補える錠剤タイプの「レクステラ プレミアムセブン」。高配合の植物性珪素を主体に、長年の本格研究によって数々の研究成果が発表された姫マツタケ、霊芝、フコイダン、β－グルカン、プロポリス、乳酸菌を贅沢に配合。相乗効果を期待した黄金比率が、あなたの健康を強力にサポートします。

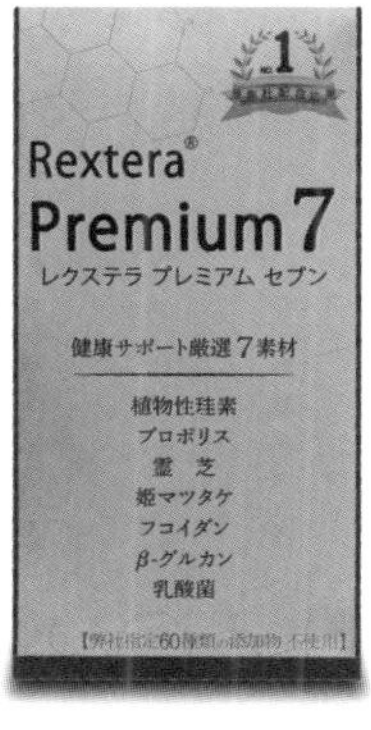

レクステラ プレミアムセブン
■ 180粒　21,600円（税込）

●配合成分：植物性珪素、姫マツタケ、オキナワモズク由来フコイダン、直井霊芝、ブラジル産プロポリス、乳酸菌 KT-11（クリスパタス菌）、β－グルカン（β-1, 3/1, 6）
●使用目安：１日６粒～

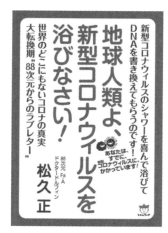

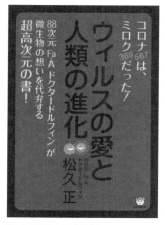